翻轉學

翻轉學

翻轉學

翻轉學

圖解 結構化思維

MBA、日本最大智庫、一流顧問都在用，
終結問題一再重複的邏輯思考實踐術！

結構化思維トレーニング
コンサルタントが必ず身につける定番スキル

中島將貴 著　賴惠鈴 譯

目錄 CONTENTS

第 1 章　沒找到關鍵問題，一切都是徒勞

第 2 章　結構化思維的3步驟

目錄 CONTENTS

第 3 章　在工作中活用結構化思維

好評推薦

「想要職場上少走冤枉路嗎？祕訣都在這本書裡！讓我們一起用結構化思維解決各種問題，提升效率、減輕工作負擔。」

—— 林長揚，簡報教練

「一般人習慣憑直覺無中生有、抽象思考，而高手則擅長運用框架，讓思考具象化，透過建立結構化思維，你也能成為職場高手！」

—— 邱奕霖，圖解力學院院長

「這不只是一本強調『效率』的商業書，透過 16 種圖表引導，幫助我們運用結構化思維確立工作目標，避免在同樣的環節重複犯錯，在職場面對各種挑戰時更加游刃有餘！」

—— 品牌女子 A 娜，IG 知識型創作者

作者的話
MBA 和一流顧問解決問題的祕訣

你是否也有這樣的煩惱？

再怎麼努力也得不到主管或顧客的肯定；辛苦了半天又得重新來過；討論一直沒有重點，總是原地踏步……

會出現這些情況，都是因為「一開始沒有設定正確的目標」和「沒能正確掌握通往目標的方向」。

請先明確制定工作或解決問題的目標，再一步步整理出解決問題及工作的邏輯架構。

這便是本書將分享給各位的「結構化思維」。

結構化思維需要運用一點「技巧」。

如何設定方向清楚的目標，也就是「關鍵問題」？

如何正確地達成目標，別讓邏輯過於跳躍？

如何避免遺漏或重複？

　　這本書是我將自己在 MBA 學到的方法，加上實際進行顧問諮商的心得，並傳授給後輩們的技巧。

　　為了讓各位讀者也能善加利用，本書除了解說，也會請各位讀者試著解決實際的問題。

　　請務必善用這本書，擺脫「徒勞無功的工作」！

前言
為什麼工作總發生反覆修改的狀況？

懊惱的案例 ①

部下：「部長，我把資料重新整理好了。您之前說的地方我
也都改好了。」

部長：「我看看，我說的地方確實都改好了，但好像還是不
太對⋯⋯」

部下：「咦？那我再加強一下，做成更有說服力的資料吧。」

部長：「不用了，不是這個問題。你要不要從頭看一下整體
的結構。」

部下：「要從頭來過啊⋯⋯」

懊惱的案例 ②

客戶：「不好意思，關於上次拜託你的案子，可以再改一個
地方嗎？」

員工：「什麼，又要改？這是第 5 次了！」

客戶：「非常抱歉。可是上面交代，照這樣做下去的話，可
能不會有好結果⋯⋯」

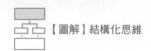

員工：「這樣啊。這是最後一次囉。再改就趕不上交期了。
（哽咽）」

懊惱的案例 ③

顧問：「……根據這些數據判斷，○○是很有機會的市場，
貴公司應該加入戰局。」

業主：「（視線冷漠）這就是你花了這麼多時間得到的結果嗎？
我們就是知道這個市場很有機會，才會想了解接下來
該怎麼做。」

顧問：「（著急）不是，那個……只要採取△△策略，應該
就能取得市場占有率。」

業主：「這對我們來說有點難度，你能給點比較有建設性的
意見嗎？」

顧問：「呃……（不知所措）」

只要是有幾年工作經驗的上班族，我想任何人都遭遇過以上
的狀況。

儘管對每份工作都全力以赴，拚命想做出成果，但總是無法
令顧客或主管等交辦工作的人滿意，為此傷透腦筋。要是客戶能
提出具體的要求，明確說明要怎麼改才會滿意，那倒還好，否則

必然無所適從，不知道該怎麼滿足客戶的需求。當你還在抱頭苦思、手忙腳亂的時候，交期就到了，自己在顧客及主管心目中的評價也一落千丈……情況就是這麼悲慘。

之所以如此，都是因為做事的人無法充分理解委託人「想藉由成果來達成的目標」；或未能整理出為了實現目標，「需要完成哪些條件」（必須留意哪些觀點、應該加入哪些要素）；又或者以上皆是。

實現目標比做完交辦工作更重要

舉個簡單的例子，假設主管為了招待大客戶，要你列出適合聚餐的餐廳清單。這件事的前情提要是，那位大客戶非常賞識你的主管，不只是滿意該主管的工作表現，連每次都招待他去非常好吃的餐廳這點，也令他對你的主管讚不絕口。

這時，想藉由「餐廳清單」實現的目標，是從中選出一間餐廳，讓客戶這次也能覺得「真有你的！」。那麼，為了讓客戶這次也能覺得「真有你的！」，需要什麼樣的餐廳呢？

就算是一般人都覺得美味可口的餐廳，但凡不合那位大客戶的口味，大概就無法贏得他的青睞。再者，如果菜色跟上次的餐

廳同類型，大客戶可能已經吃膩了，所以必須事先調查上次去的是哪家餐廳。以上的內容就是「為了達成目標所需的條件」。

倘若交代工作的委託人能明確整理、仔細指示上述的「目標」及「條件」，就不用傷腦筋了，遺憾的是，在日常職場中，交辦的工作通常不會這麼明確。

因此，即使是這裡舉例的「餐廳清單」，倘若對委託人期待的目標和條件只有隱隱約約、模模糊糊的概念，最後可能也得不到委託人的正面評價（開頭介紹的 3 個「懊惱的案例」都是如此）。

另一方面，看在不了解上述背景，仍全力以赴的執行者眼中，心裡也會想：「我都已經照你說的列出清單了，你到底還有什麼不滿意？」

這個問題在於要讓交代工作的委託人滿意，重點並不是完成交辦的工作本身（即列出餐廳的清單），而是給予委託人想透過這個工作實現的目標、滿足實現目標的條件。

說得極端一點，對於交辦工作的人而言，能否實現目標，比是否依照委託進行要來得重要多了。

換位思考的結構化思維，讓你做出滿意成果

本書將為各位說明如何讓上述的「目標」與「（為了實現目標的）條件」更具體、更明確，隨時都能站在交辦工作的委託人立場，交出成果的「結構化思維」。另外，光是理解思考方法，不見得能達到足以實踐目標的程度，因此本書準備了 5 個實踐問題，好讓各位更能感同身受，體會「結構化思維」的技巧。

「結構化思維」字面上可能會給人有點一板一眼的印象，其實概念及做法極為簡單。我寫這本書的用意，不外乎希望更多讀者都能從這本書得到啟發，從此職場上不再出現懊惱的案例。

第 1 章

沒找到關鍵問題，
一切都是徒勞

01 走一步算一步的做法 勞心勞力

菜鳥很容易犯的錯誤

在進入利用結構化思維解決問題的內容前，我想先以具體的案例為各位說明相反的概念，也就是「走一步算一步」的做法。

假設你是以零售商為顧客的中小企業（XY 商事）的業務菜鳥，主管要你「為了開發未來的新客戶，先製作一份客戶名單」，你該怎麼做才好呢？

以下是走一步算一步的做法：

- 先利用外部的資料庫，列出位於公司負責區域內的企業。
- 因為是以銷售為前提，也從資料庫裡抓出電話號碼。
- 可能要實際登門拜訪，所以再加上地址。

就這樣，你迅速列出清單，並且得意洋洋向主管報告。

問題不是「從頭來過」就能解決

倘若這份清單能符合主管的要求，那倒還好，可惜事情通常沒有這麼順利。

主管又要求：「考慮到跑業務的效率，請再加上企業規模與業種的資訊。」於是，你又從同一個資料庫裡抽出企業規模與業種的資訊，追加到清單裡。

再次向主管報告時，主管又提出要求：「既然目標對象是新的客戶，應該與現有的客戶分開，這份名單裡包含現有的客戶嗎？」你雖然在內心嘀咕「怎麼不早說」，但還是得拿出現有的客戶清單，過濾是否跟自己製作的清單內容重複。

這時，你才赫然發現，現有的客戶清單是抽取另一個資料庫的資料，以企業名稱製作而成，很難與這次清單上的企業進行比對，不由得大吃一驚。而且現有的客戶多達好幾百家，若要一筆一筆人工比對也很曠日費時，結果只好長嘆一聲，用另一個資料庫從頭開始做起……

這個例子的問題只要從頭來過就好了。但是當工作變得更複雜，可能不是單純「從頭來過」就能解決了。

02 如何才能避免問題 一再重複？

你的企劃打不到痛點的原因

這家公司的業務菜鳥，為什麼會陷入前述那種白做工的狀態呢？

那是因為，他沒有事先掌握交辦工作的人（主管）打算怎麼利用那份清單（即「什麼是主管理想中的目標」），自然也無法在這個前提下製作清單（即「達成目標的條件為何」）。

再舉一個例子，為各位說明這種走一步算一步的做法。

假設原本是業務菜鳥的你，在前面那家公司順利累積資歷，年紀輕輕就一帆風順當上股長。對你寄予厚望的課長於是說：「我們單位的目標是明年的業績提升 20％，希望你能提出有助於實現這個目標的方案。」

如果以走一步算一步的思考方式來規劃，就會變成這樣：

- 明明很努力去分行旗下的零售商跑業務，業績卻遲遲沒有起色，到底該怎麼辦才好呢？
- 這麼說來，最近在雜誌上看到 B2B 和數位行銷都變得很重要的報導。我們家的銷售還在用人海戰術，乾脆提出數位行銷的企劃案吧。
- 尤其是○○這種 SaaS 型的服務（軟體即服務）似乎很流行，也把這個加進來吧。

綜上所述，你意氣風發提出以下方案：「最近似乎很流行 B2B 和數位行銷。尤其是○○這種 SaaS 型的服務特別受歡迎，要不要導入這個方案？」

透過引進數位行銷工具，或許真能提升業績也說不定。

問題是，倘若課長想知道的並不是如何引進數位行銷工具，而是「為了提升 20％的業績，該怎麼找到主要的目標客層，並對該客層發動攻勢」，你卻回答「導入○○這種 SaaS 型的數位行銷工具」，可能就沒有回答到點上。

企業顧問最在意的事

從這樣的例子也可以知道，如果無法掌握交辦工作的委託人「想知道什麼」、「想搞清楚什麼」，並據此找出答案，你的答案對委託人毫無意義。

因此，企業顧問很在意有沒有掌握到委託人想搞清楚什麼、想解決什麼問題，從還是新人的時候就要知道，重點在於先徹底理解「自己提出的答案要解決什麼問題，能否用來釐清問題」，再來解決問題。

說穿了，結構化思維最重要的目標，莫過於掌握交辦工作的人最終想了解什麼、解決什麼問題，為了找出、解決對方的問題，明確擬定出邏輯架構，然後才開始動作、作業。

相較於走一步算一步的應對，上述做法是根據交辦工作的人想解決的問題、想了解的內容，最終能夠擬定出比較不容易出錯、缺點比較少的邏輯架構。這便是結構化思維的一大優點。

結構化思維與邏輯性思考的差異

以下簡單帶大家看一下「走一步算一步」與「結構化思維」的差異。

圖表 1　走一步算一步的做法與結構化思維的差異

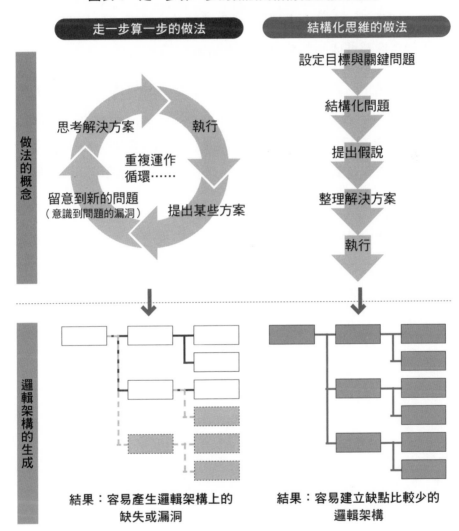

　　簡而言之，邏輯思考是將片段的現象、概念等，整理出有條有理的因果關係及主從關係，不會導致前後矛盾。有條有理整理時，通常會整理成樹狀圖或金字塔結構。

　　另一方面，結構化思維建立在邏輯思考的基礎上，是為了交出更漂亮的成績單，具有實踐性的思考法。更具體來說，結構化思維更擁有邏輯性思考所欠缺的實踐性要素，例如：設定關鍵問題、將問題放在要結構化的對象上、根據末端的問題建立假設等，這些都會在後面詳細解說。

　　我想再補充一點，「結構化問題」這部分也包含邏輯性思考的要素，因此也可以用樹狀圖、金字塔的結構來結構化問題。

03 學會用「疑問句」找出關鍵問題

為目標換個說法

學習結構化思維前，必須先理解結構化的出發點 ——「關鍵問題」的概念。所謂的關鍵問題，就是改用「疑問句」來表示你在該狀況下的目標。

這裡所說的目標是表示「誰」，以及「希望／需要達成什麼樣的狀態」。

以前面舉的公司股長的例子來說，目標就是「為了提升 20％的業績，找到主要的目標客層，對那個客層發動攻勢」。

將上述的目標換成疑問句，就變成「為了提升 20％的業績，該怎麼找到主要的目標客層？該怎麼對那個客層發動攻勢？」，這就是關鍵問題。

正確設定目標

再舉一個例子來為大家說明。以本書一開始製作顧客名單的例子來說，目標是「完成主管交辦的顧客名單，讓主管（交辦工作的人）可以進入下一個階段」。

轉換成關鍵問題，就變成了「如何完成主管交辦的顧客名單，讓主管可以進入下一個階段？」

看了這些例子，我想各位應該都可以理解，只要能正確設定目標，設定關鍵問題基本上就只是單純的「換句話說」。

圖表 2　目標與關鍵問題如何換句話說

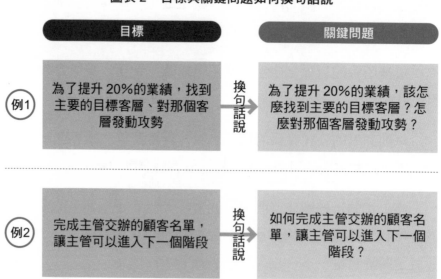

目標	換句話說	關鍵問題
例1 為了提升 20% 的業績，找到主要的目標客層、對那個客層發動攻勢	→	為了提升 20% 的業績，該怎麼找到主要的目標客層？怎麼對那個客層發動攻勢？
例2 完成主管交辦的顧客名單，讓主管可以進入下一個階段	→	如何完成主管交辦的顧客名單，讓主管可以進入下一個階段？

　　這個關鍵問題將成為結構化思維的起點，這時的重點在於能否盡量具體設定做為前提的目標（「誰」、「希望／需要達成什麼樣的狀態」）。

　　打個比方，如果是「完成主管交辦的顧客名單，讓主管可以進入下一個階段」這個目標，根據「下一個階段」的具體內容是什麼，將大大影響顧客名單的內容。

　　由此可知，能否在設定目標時排除模糊不清的部分、盡量具體呈現，是結構化思維至關重要的起點。

04 客戶最常提出疑問的 4 種狀況

拆解關鍵問題

只要設定好目標、設定好關鍵問題，就能進入解決關鍵問題的結構化流程。

詳細的做法將在第 2 章為大家解說，基本上的概念如圖表 3 所示，把解答關鍵問題所需要的問題設定成金字塔狀，仔細拆解用來解決問題的概念後，從末端的問題導出答案，把答案匯總起來，就能回答關鍵問題。

以下將再次為各位說明這種方法論為什麼重要。我在第一線進行顧問諮詢的業務中，發現客戶大致會從以下四個邏輯層面的角度提出質疑。

圖表 3　結構化思維的實踐流程概要

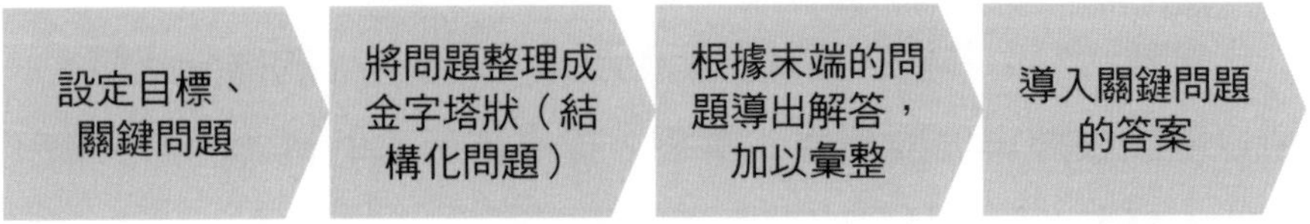

設定目標、關鍵問題 ▶ 將問題整理成金字塔狀（結構化問題） ▶ 根據末端的問題導出解答，加以彙整 ▶ 導入關鍵問題的答案

第一種是「問題或觀點文不對題」的狀況。

第二種是「邏輯架構有漏洞」的狀況。

第三種是「邏輯過於跳躍」的狀況。

第四種是「事實不可信」的狀況。

以下分別帶大家依序來看。

四種主要的「邏輯毛病」

第一種「問題或觀點文不對題」的狀況，是指**沒有回答到客戶想知道的事**。

以前面的中小型企業的例子來說，課長想知道的是「為了提升 20％的業績，該怎麼找到主要的目標客層，該怎麼對那個客層發動攻勢？」，所以如果回答「導入○○這種 SaaS 型的數位行銷

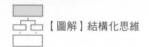

工具」，就屬於文不對題的狀況。

這種狀況與其他三種狀況比較起來，「根本」的部分就錯了，所以無論根據再怎麼細緻的解析，提出再宏大的概念，對交辦工作的人來說，反而是最沒有意義的情況。

第二種「邏輯架構有漏洞」的狀況，是指在傳達訊息時沒有掌握到應該要處理的問題。

以上述課長與股長的例子來說明，雖然明確設定了「為了提升20％的業績，該怎麼找到主要的目標客層，該怎麼對那個客層發動攻勢」的關鍵問題，卻只做出「應該直接登門拜訪」的結論，沒有討論到在網路上打廣告之類的方法，即屬於這種狀況。

第三種「邏輯過於跳躍」的狀況，說得更直接點，就是「思考脈絡有缺失」。

沿用前面的例子，假設打動目標客層的手段分成訪問型營業（推式策略），以及在網路上刊登廣告（拉式策略），沒有先討論優先順序如何安排，就匆忙做出「應該更重視在網路上刊登廣告」的結論，即為「邏輯過於跳躍」。

第四種「事實不可信」的狀況，則是在討論手法的優先順序時，引用數據來佐證哪種方法的營業效率比較好，但那些數據可能全都來自個人的部落格，未經科學證明，把不可靠的資料拿來

用的情況。

　　在以上四種經常受到客戶指責「邏輯過於粗糙」的狀況中，只要能好好做到結構化思維，亦即「結構化問題」，就能避免前 3 種狀況「問題或觀點文不對題」、「邏輯架構有漏洞」、「邏輯過於跳躍」發生。

圖表 4　「邏輯過於粗糙」的 4 種狀況

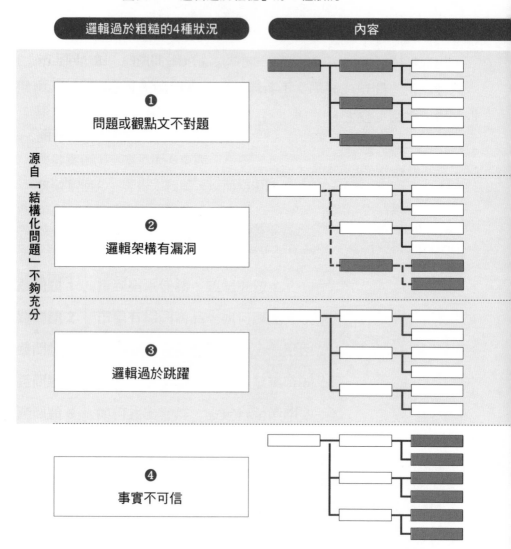

	顧客最典型的反應
答非所問	●「你到底在說什麼？」 ●「然後呢？」 ●「為什麼現在突然提起這件事？」
沒有包含應該要 驗證的觀點	●「不用討論○○的觀點嗎？」 ●「如果以○○為前提，結論會不會 改變？」
思考脈絡有缺失	●「不能直接從那個證據導出這個結 論吧？」 ●「這麼說是不是有點牽強？」
數據本身缺乏可信度	●「真的嗎？」 ●「你是從哪裡蒐集到這些資訊的？」

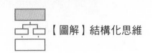

05 不僅解決工作問題，也能釐清人生難題

幫助你站在老闆的角度來思考

截至目前為止的例子，都是假設你是某間不存在的公司的業務員，其實，結構化思維是從企業的董事層級到基層員工，任何階層的人都可以運用在各方面的思考術（見圖表 5）。

你可以試著站在老闆的角度來思考。身為老闆，為了提升自家公司的企業價值，必須面對經營層面上各式各樣的問題，例如：思考該怎麼讓收益最大化、要為顧客提供哪些價值，或者如何提升員工滿意度等。這些問題都是老闆的「關鍵問題」。

我身為管理經營顧問，經常有機會與各種企業管理高層面談。在這種情況下，我認為經營團隊必須觀察業界的趨勢及自家公司的狀態等，隨時在腦海中思考經營層面的關鍵問題，在安排輕重

圖表 5　問題的階層

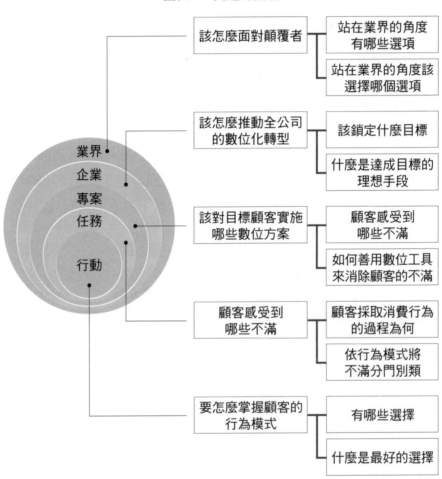

結構化思維是上班族為了能按部就班工作，不可或缺的基本技術。

緩急的同時，建立自己的假設。經由資訊的輸入，時常更新假設的內容，以面對管理業務。

可以運用於每天的會議中

另一方面，對置身於第一線的員工而言，也能套用先前所說的業務菜鳥製作名單的範例，除此之外，只要是上班族，任何人都得經歷的「討論」（即會議）也能透過結構化思維來達到高度化、效率化的目標。

圖表 6　結構化思維與開會討論的關係

結構化思維的架構		開會討論的架構
目標、關鍵問題		（開會討論的）目標、關鍵問題
問題 1	整合	議題 1
問題 2		議題 2
問題 3		議題 3

　　舉例來說，開會討論的關鍵問題是將每次討論完一個問題想達到的狀態（目標），換成疑問句來表示。開會討論時的議題將針對上述的關鍵問題做出論述。

　　希望召開會議的人都能意識到這點，設定開會的目標及議題，針對各個議題提出自己的見解，參與討論。此處所謂的「自己的見解」，即稍後會再詳細說明結構化思維的「假設」。

對日常生活也很有幫助

　　此外，冰雪聰明的各位讀者或許已經發現，結構化思維不僅能運用在工作上，**也適用於日常生活中，非常適合運用在需要進行重要判斷的情況**。

　　我們可以用考大學的情況來思考。倘若你很清楚自己想報考哪所學校、哪個科系，目標當然是「考上○○大學○○系」，關鍵問題則是「怎麼考上○○大學○○系？」

　　把這個關鍵問題拆解成問題時，要是拆解成「如何在入學考試中取得比其他人更高的分數？」，這個問題將有所缺失。因為，我想很多人都知道，校方為了確保能夠招收到優秀的學生，除了齊頭式的入學考試，還有推薦甄試、個人申請入學、單獨招生等

多元入學方案。

因此，為了解答「要怎麼考上○○大學○○系」的關鍵問題，起初應該先設定「我想讀的大學／科系有哪些入學管道」、「應該選擇哪種入學管道，才能讓考上的機會最大化」的問題。

倘若根據這樣的問題，你決定挑戰一般的入學考試，就要再設定「該如何在一般的入學考試中衝破及格線」的問題，再將這個問題拆解成——「具體的及格線是幾分？」「自己目前的實力如何？」「及格線與自己的實力間有多大的落差？」「為了彌補兩者落差，該怎麼做才好？」

除此之外，「該怎麼買房子才不會後悔」、「該怎麼成功跳槽到理想企業」等問題，也能用結構化思維來思考。

第 2 章

結構化思維的 3 步驟

06 讓結構化思維變具體的「三角形」

第 1 章為各位解說了結構化思維的概論，以及其意義和適用範圍。從這一章開始，我們終於要進入具體的方法。

結構化思維的實踐由以下三大步驟構成：

步驟❶ 　拆解問題

步驟❷ 　整理解法

步驟❸ 　理出答案

以上 3 個步驟分別指的是「從關鍵問題分析問題，由上往下做成金字塔構造的步驟」、「整理金字塔構造末端的內容要怎麼解決的步驟」、「實際解出結論並進行整理，好讓對方更能理解我們想表達什麼的步驟」。

將其畫成圖示，基本上可以呈現出如圖表 7 所示的三角形，這稱為「結構化思維的三角形」。

以下就為各位介紹每個步驟的細節與處理上的重點。

圖表 7　結構化思維的三角形

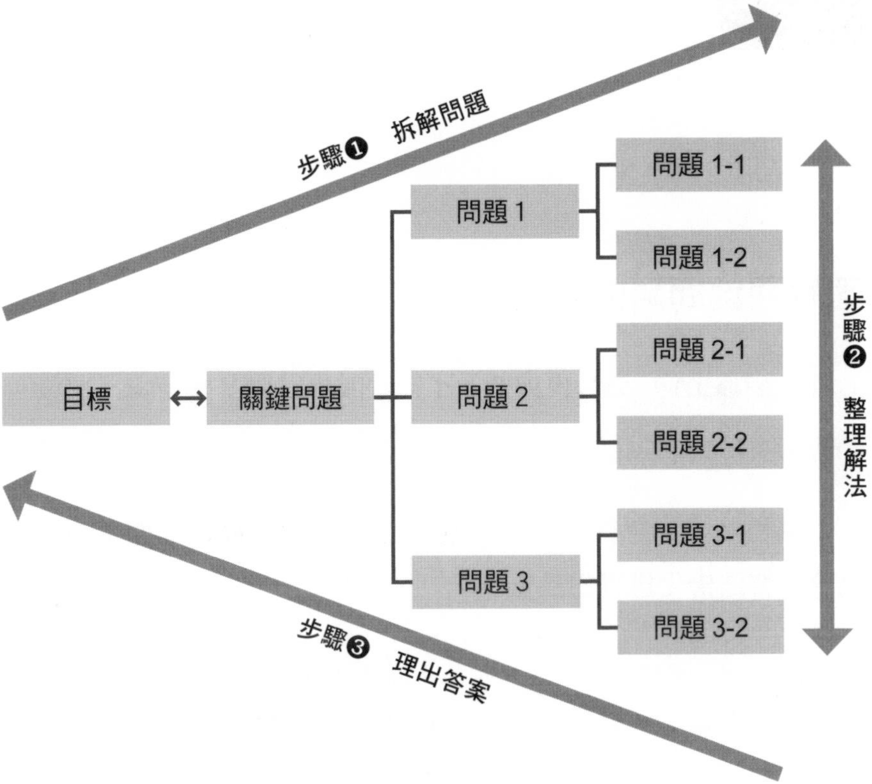

07 步驟❶ 拆解問題：不重複，也不疏漏

理解關鍵問題的背景

步驟❶主要是拆解關鍵問題，但我想先從定義目標、關鍵問題時的重點開始說起。

這是結構化思維的起點，**能否設定具體且條理分明的目標，也會影響結構化思維的品質。**

第 1 章也稍微提到，重點在於盡可能詳細定義自己正在處理的工作「是誰」、「必須（在何時）處於何種狀態」。因此不能光看表面，徹底理解這次要拆解的關鍵問題之背景也很重要。

為了讓各位都能具體理解，我想舉一個顧問的專案為例。

致力於推動事業多角化的大企業 A 公司，正準備拓展新的事

業版圖，委託顧問公司研判「為老年人提供服務的銀髮住宅產業」（例如提供安全確認等各種生活支援的租屋服務，以下簡稱為銀髮住宅產業）是否適合進入、有沒有發展性。

這時，如果只看表面的狀況，目標就會是「A 公司已明確認識到是否該進軍銀髮住宅產業的狀態」，關鍵問題則是「A 公司是否該進軍銀髮住宅產業？」

另一方面，倘若 A 公司之所以提出這個委託是基於以下的背景，對設定關鍵問題將造成哪些影響呢？

「致力於推動事業多角化的大企業 A 公司，負責開發新事業的高層在思考 A 公司有什麼還能發展的領域時，留意到為老年人提供服務的銀髮住宅產業，命令新事業開發部長研究 A 公司是否該進軍銀髮住宅產業。這位新事業開發部長有鑑於 A 公司缺乏與銀髮住宅產業有關的經驗，委託顧問 B 公司判斷進軍銀髮住宅產業的可行性。」

如果是這樣的背景，除了「A 公司是否該進軍銀髮住宅產業」的關鍵問題，還必須加上這些關鍵問題：「為了讓負責開發新事業的高層，接受 A 公司是否該進軍銀髮住宅產業的結論，包含溝通的次數、時機等，執行專案時需要留意哪些部分？」

若能從上述觀點也設定關鍵問題，思考出必要的對策，自然

能提升委託人（A 公司）的滿意度。

不要以施行事項的方式來呈現

除此之外，將設定好的關鍵問題拆解成可供討論的問題時，尚有幾個重點。

首先，如圖表 8 所示，**拆解後設定的問題，不應以施行事項的方式呈現**。以銀髮住宅為例，就是以「銀髮住宅的市場分析」來表現「銀髮住宅的市場有發展性嗎」的問題。

像這樣將「施行事項」結構化，**將難以看出每個問題之間的關聯性，也很難判斷問題是否正確結構化**。重點不是舉出施行事項，而是明確結構化問題（想解決什麼問題、想釐清什麼問題）。

盡可能做到 MECE

另一個重點，則是分析時要留意 MECE，MECE 是取自「Mutually Exclusive and Collectively Exhaustive」的第一個英文字母，意味著「沒有遺漏、沒有重複」。

當然，誰都不希望問題構造有遺漏，不僅如此，萬一相同階層的問題在概念上重複，試圖為上層的問題導出答案時，就可能會將同一個判斷看得太重，無論如何都不算是良好的問題構造。

以下為各位介紹四種為了盡量實現 MECE 的問題拆解手法。

將文章分段

第一種手法是「將文章分段」。顧名思義，指的是將文章分段落以拆解問題。**最常使用於為關鍵問題設定第 1 層問題的時候。**這時，請以關鍵問題本身內容沒有遺漏為前提。

舉個具體例子，假設關鍵問題是「如何具體化新事業的企劃，還要讓各單位通過該企劃，開始準備展開新事業？」

這時，下一層的問題是要拆解「新事業應有的具體企劃概念為何？」「為了讓各單位同意具體的企劃內容，該做些什麼？」「該用哪些架構來整理展開新事業的準備事項？」等。

圖表 8　陳述問題的好例子、壞例子

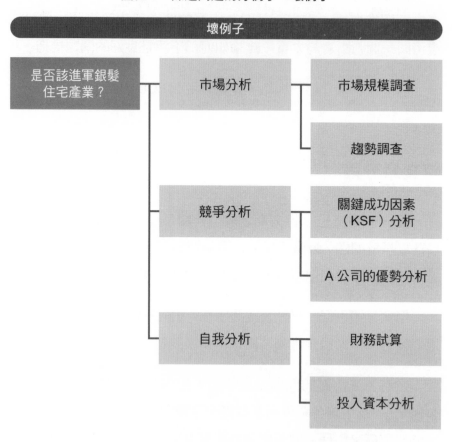

壞例子

| 是否該進軍銀髮住宅產業？ | 市場分析 | 市場規模調查 |
| 趨勢調查 |
| 競爭分析 | 關鍵成功因素（KSF）分析 |
| A 公司的優勢分析 |
| 自我分析 | 財務試算 |
| 投入資本分析 |

以施行事項來結構化的話，很難看出每個問題之間的關聯性。

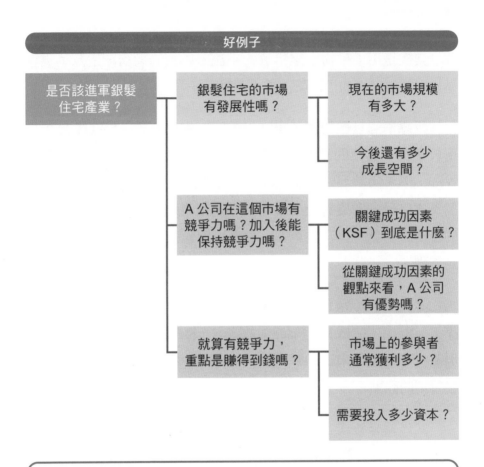

好例子

是否該進軍銀髮住宅產業？	銀髮住宅的市場有發展性嗎？	現在的市場規模有多大？
		今後還有多少成長空間？
	A 公司在這個市場有競爭力嗎？加入後能保持競爭力嗎？	關鍵成功因素（KSF）到底是什麼？
		從關鍵成功因素的觀點來看，A 公司有優勢嗎？
	就算有競爭力，重點是賺得到錢嗎？	市場上的參與者通常獲利多少？
		需要投入多少資本？

以問題來呈現的話，比較容易了解各個問題之間的關聯性，
也比較容易看出要用什麼邏輯架構來拆解關鍵問題。

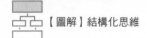

善用架構

其次是用「架構」來拆解的手法。所謂的架構，是為了更容易實現某個目標的「框架」或「觀點」。

我想舉個具體的例子來加以說明。舉例來說，SWOT 分析是用於企業、事業的戰略設計架構，分別擷取 Strength（優勢）、Weakness（劣勢）、Opportunity（機會）、Threat（威脅）的第一個英文字母。即擬訂企業策略及事業策略時，根據該企業、事業的優勢／劣勢，以及該企業、事業所面臨的機會／威脅進行研究的架構。

除此之外，還有研擬行銷策略的 4P。4P 是取自 Product（產品）、Price（價格）、Place（通路）、Promotion（促銷）的第一個英文字母，用來表示販賣企業的商品、服務給目標客層時要怎麼行銷的觀點。

此外還有各式各樣的架構，**MECE 則是這個方法的前提**，因此，用架構來拆解問題是一種很有用的做法。

若以「A 公司對 X 客層的行銷策略是什麼？」的問題為例，可以設定為「自家公司中最主打的產品（Product）是？」「該產品理想的價格（Price）是？」「行銷給 X 客層時該透過哪些通路（Place）？」「要怎麼促銷（Promotion）？」等形式。

圖表 9　可以用來結構化問題的常見架構

	內容	特徵
3C	● Company（公司）、Customer（顧客、市場）、Competitor（競爭對手）	● 從企業層級到商品、服務層級，能運用於各種觀點的現狀分析等架構
4P	● Product（產品、服務）、Price（價格）、Place（通路）、Promotion（促銷）	● 用來表示研擬行銷策略、方案時，該根據哪些觀點的架構
SWOT	● Strength（優勢）、Weakness（劣勢）、Opportunity（機會）、Threat（威脅）	● 用來表示研擬事業戰略時，該根據哪些觀點的架構 ● 從面對自家公司的機會與威脅該怎麼發揮優勢、彌補劣勢的角度來思考
5Forces	● 左右自家公司獲利的 5 大要素（在業內的競爭力、與買家交涉的能力、與供應商交涉的能力、潛在進入者的威脅、替代品的威脅）	● 從俯瞰的角度分析自家公司置身的環境，研擬如何提升收益等可以用的架構

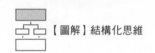

用前提條件來拆解

第三個方法是用「前提條件」來拆解。

以「A公司可以在新開拓的Y市場勝出嗎？」的問題為例，此時，就必須分解為「到頭來，決定在Y市場成功與否的要素究竟為何？」以及「從該要素來看，A公司是否有比其他公司更具優勢？」，也就是為了尋找「前提條件為何？」以及「從已找出的前提條件來看，應如何做判斷？」

在上述的例子中，前者的問題在口語上通常會加上「到頭來」這句話，所以我又把「前提條件」這個拆解方法稱為「到頭來拆解」。

活用「通俗的概念」

最後，是用「通俗的概念」來拆解的方法。

這是把前面解說過的MECE變成通俗的概念，用這種概念來拆解的手法，像是「未來／現在／過去」、「軟體／硬體」、「企劃／執行」、「靜態／動態」等。

打個比方，如果要更具體呈現拆解的概念，可以將「從規模

圖表 10　拆解問題時的 4 種手法

	內容	具體案例
1 **將文章分段**	為文章分段落，拆解問題（通常使用於為關鍵問題設定第 1 層的問題時。這時請以關鍵問題本身的內容沒有遺漏為前提）。	如何讓 X 領域的系統化構想更具體，取得公司內部的授權，讓計畫處於蓄勢待發的狀態？ ➡應有的系統化構想為何？ 　該怎麼做才能取得公司內部的授權？ 　要用什麼架構來整理計畫階段的構想？
2 **架構**	用 3C、4P 等架構來拆解問題。	A 公司的 B 產品應該採取哪些行銷策略？ ➡應鎖定哪個部分？ 　理想的價格區間（Price）是？ 　該運用哪些通路（Place）？ 　什麼是能打中目標客層的產品（Product）要素？
3 **前提條件**	從為了解出（上層的）Yes 或 No 的條件來分析問題。	A 公司能否在新開拓的 C 市場勝出？ ➡能否在 C 市場勝出取決於什麼要素？ 　站在該要素的觀點上，A 公司比其他公司有優勢嗎？
4 **通俗的概念**	用可以讓 MECE 變成常態的概念來拆解（未來、現在、過去／軟體、硬體／企劃、執行／靜態、動態等）	從規模的觀點來看，D 市場吸引人嗎？ ➡現階段 D 市場的市場規模為何？（靜態） 　D 市場規模的變化為何？（動態）

的觀點來看,這個市場有吸引力嗎?」的問題拆解成「現階段的市場規模為何?」(靜態)與「市場規模的變化為何?」(動態)

請好好善用這四個手法,拆解關鍵問題,將問題結構化(見圖表10)。

篩選出相關要素

倘若運用了上述的手法,仍無法如願將問題結構化時,篩選出相關要素,將其要素串連起來,加以結構化也是個方法。

具體而言,請先針對解決關鍵問題時可能有關、且是為了解決關鍵問題必須的問題,下意識篩選出構造及個別的關聯性。

圖表 11　以由下往上的方式將問題結構化的流程

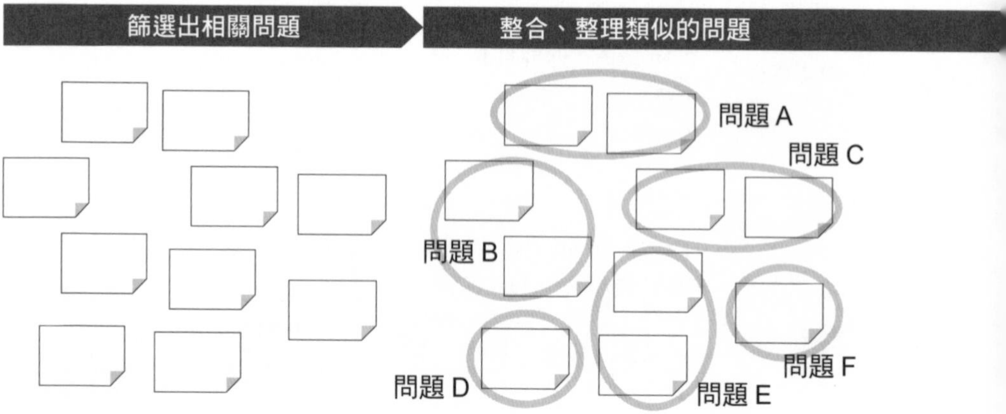

篩選出相關問題　　　　　　整合、整理類似的問題

問題 A

問題 C

問題 B

問題 D　　　　　　問題 E　　問題 F

接下來，審視篩選出來的問題，將類似的問題歸納在一起，為可以整理成上層概念、下層概念的問題，進行片段的結構化。

像這樣把經過部分結構化的內容，最終整理為以關鍵問題出發的一整個問題結構。

順帶一提，我們顧問業界稱這種結構化的問題為「問題樹」。

偶爾，我也會聽到有些人搞不清楚「問題樹」和「邏輯樹」之間的差異，「邏輯樹」是「將某種概念以 MECE 拆解，並加以結構化的結果」。

站在「MECE 拆解」的觀點來看，問題樹確實也是邏輯樹的一種（包括在邏輯樹的範圍內），但邏輯樹不見得一定會扮演「用來拆解關鍵問題的邏輯架構」的角色。

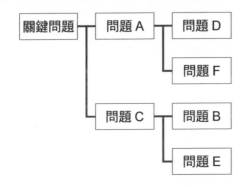

結構化經過彙整的問題

也就是說，問題樹（結構化的問題）能釐清用來拆解關鍵問題的方法，這是問題樹與其他邏輯樹最重要的差異。

圖表 12　邏輯樹與問題樹的相對關係

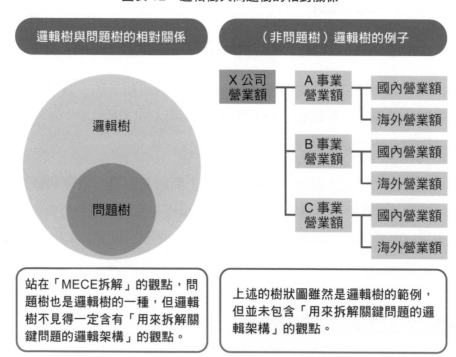

站在「MECE拆解」的觀點，問題樹也是邏輯樹的一種，但邏輯樹不見得一定含有「用來拆解關鍵問題的邏輯架構」的觀點。

上述的樹狀圖雖然是邏輯樹的範例，但並未包含「用來拆解關鍵問題的邏輯架構」的觀點。

08　步驟❷　整理解法：提出各種設想，先不管對錯

無論如何，先建立假設

我們已在步驟❶，以關鍵問題為基礎，整理了問題結構。

接下來要做的應該是「依末端的各個問題建立假設，並將這些假設累積起來，對關鍵問題做出答案的假設」。

以前面提到之是否該發展銀髮住宅事業為例，針對「什麼是決定競爭優勢的關鍵成功因素？」的問題，先不管實際狀況為何，試著建立假設：「決定租房子與否的人是房客的子女，因此是否提供子女信賴感，願意把父母託付給自己，是讓對方選擇自己與否最重要的因素。」

建立假設的重點，在於「與其停下來煩惱假設的邏輯好壞，不如鼓起勇氣來建立某種假設」的態度。

　　之所以這麼說，是因為有時候不管三七二十一建立假設（就算該假設本身不太妥當），也能有新發現。具體說，**即使不確定該假設妥不妥當，也能大致掌握該怎麼驗證才好。**

圖表 13　建立假設的好處

| A 公司是否該進軍銀髮住宅產業？ | 銀髮住宅的市場有發展性嗎？ |

**假設進軍，能有競爭力嗎？
又是否能保持競爭力？**

➜ 決定入住與否的是子女。他們最在意的是能否把父母放心交給這家公司。

**就算有競爭力，
重點是賺得到錢嗎？**

➜ 因為毛利很微薄，為了獲利，必須講究規模。
　（講究規模時，有什麼限制或門檻？）

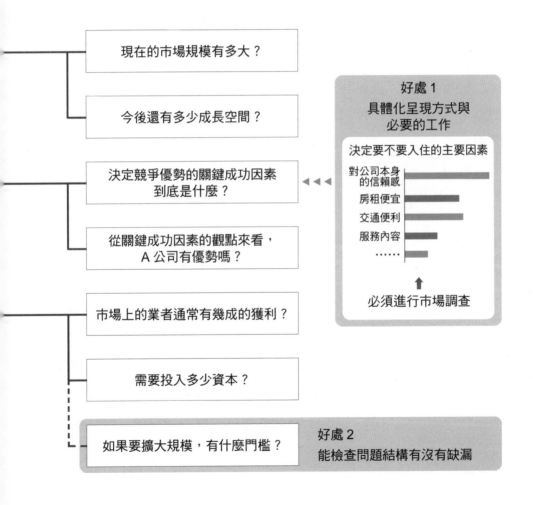

　　若以「什麼是決定競爭優勢的關鍵成功因素？」這個問題為例，只要根據對入住與否的決策者實施決定入住因素之問卷調查，並整理出「有哪些決策上的主要因素」，便能獲得可以檢視的概念。

　　另外，也能檢查問題結構是不是真的沒有遺漏或缺失，力求做出沒有遺漏、沒有重複的問題結構。

　　例如：對於「就算有競爭力，重點是賺得到錢嗎？」的問題，建立「已經預料到毛利不高，為了獲利必須追求規模」的假設。即使毛利不高，只要規模夠大，站在營業額的角度來說，依舊是很有吸引力的事業，這將成為留意到「如果要擴大規模，有什麼門檻？」的問題。

　　由此可知，即使不確定你想到的假設是否合理，不管三七二十一試著建立假說，依舊遠比停滯不前重要。

思考要以什麼方式呈現

　　到了這一步，接下來就要整理為了實際驗證末端的假設，需要以什麼方式來呈現。這時，要先整理以什麼方式呈現，以及呈現時所需要的資訊來源。

首先，為各位解說要以什麼方式呈現。

重點在於從「用什麼方式呈現，才能得到正確的假設」這個角度來思考。

沿用銀髮住宅的例子，「什麼是決定競爭優勢的關鍵成功因素？」，思考要以什麼方式呈現，才能讓「決定入住與否的人是入住者的子女，因此是否提供子女信賴感，願意把父母託付給自己，是能否讓對方選擇自己最重要的因素」這個假設成立。

如前所述，假設向過去考慮過入住銀髮住宅的消費者進行問卷調查，問他們「決定自己雙親等入住銀髮住宅的主要因素」，最多人回答的是「對公司本身的安心感、信賴感」。

至此，具體的呈現方式已經有很明確的概念了，資訊來源及市場調查結果也會變得很明確。

要用表格還是用圖形來呈現？

接著，為各位介紹思考要以什麼方式呈現時的技巧。

思考要以什麼方式呈現也是為了驗證假設，不僅如此，假說一旦得到驗證，亦將成為有助於表達的手段。

一般可以分成以表格呈現和以圖形的方式呈現，以圖形的方式呈現又可以再細分成圓餅圖、長條圖、分布圖等好幾種圖形。

比起以圖的方式呈現，表格可以用文字正確說明詳細的資訊，但其缺點是，讀者比較難從直觀的角度去理解表格裡每一項資訊的相關性。另一方面，如果是以圖形的方式呈現，比表格更能讓讀者直觀看出資訊間的關聯性，但是如果想讓讀者徹底理解你特別想要傳達的訊息，有時候也必須加上文字以補充說明。

此外，你想表達的內容，某種程度上決定了要以何種圖形來呈現。其中一部分如圖表 14 所示。

如果想表現某種固定數量的結構或內容，可使用「圓餅圖」或「加起來 100％的橫條圖」。尤其是想表現構成或內容會隨時間變化時，最好使用「加起來 100％的橫條圖」。

另一方面，如果想比較各項目的多寡或大小，可使用「橫條圖」。如果想表現隨時間變化或頻率的差異，則使用「直條圖」或「折線圖」。想表示頻率時通常都使用直方圖，但是也可以換成「直條圖」或「折線圖」來呈現。

圖表 14　各式各樣的呈現方式

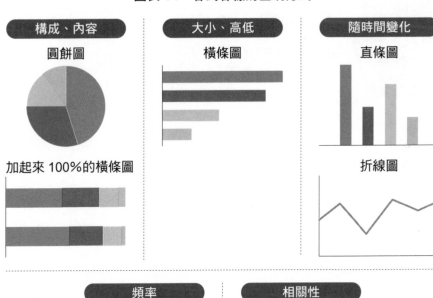

構成、內容

圓餅圖

加起來 100%的橫條圖

大小、高低

橫條圖

隨時間變化

直條圖

折線圖

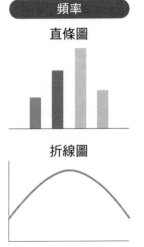

頻率

直條圖

折線圖

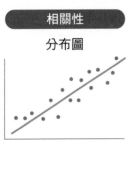

相關性

分布圖

09　步驟❸　理出答案：驗證假設，找出破綻

一邊製作簡報，一邊補強邏輯

完成步驟❷的階段後，就要實際動手做了。步驟❸中，我們要從整理好的資料來源中，製作出用以檢視末端假設的呈現方式。

有時候，我們可能無法如願從整理好的資料中取得需要的資訊，這時就要思考還需要什麼資料，才能做出完美的簡報。如果有很多資料，但不知從何取捨的話，就要重新思考要用什麼方式呈現才能驗證假設。

進行上述的作業時，要是能得到在該領域經驗豐富的主管、前輩、同事幫忙，業務推動起來會更有效率。不妨一面整理自己的想法，一面請求他們的協助。

　　綜上所述，一面製作簡報，一面驗證假說，導出各問題的解答，最後再整理成關鍵問題的最佳解，藉此讓自己的表達更明確。只要仔細完成以上的作業，通常就能構成一套十分精準且沒有破綻的邏輯。

　　要是在邏輯構成上還有什麼不放心的地方，請重複以下的步驟：想像加強邏輯時需要的故事，思考要以什麼方式呈現才能闡明加強的故事，蒐集簡報所需的資訊來源，並實際製作成企劃⋯⋯。

　　重複以上的步驟，就能湊齊回答關鍵問題需要的內容，但是，該怎麼傳達給委託工作的人，則又是另一門學問了。

　　寫出讓聽眾更容易理解的故事（資料構成）的重點在於：①一開始就要讓聽眾跟你站上同一個「腦內擂台」；②揭示整件事的全貌；③輪流提出既有的資訊與全新的資訊，讓資訊間的關係更明確。以下將逐一為各位說明這 3 點。

站上同一個「腦內擂台」

　　首先為各位解說什麼是「一開始就要讓聽眾跟你站上同一個腦內擂台」。

包含交辦工作的人和主管，這些人除了聽你發表簡報或看你提供的資料，通常手邊還有許多工作要忙。這麼一來，就算你從頭開始說明對關鍵問題的解答，對方的思考速度也跟不上。

另外，就算你想表達跟他們期待的主題有某種關聯的內容，只要沒回答到聽眾想知道的關鍵問題，他們就會覺得聽你說話只是在浪費時間。

因此，必須讓對方重新認識你想回答的關鍵問題，處於願意聽、願意思考你的解答及理由的狀態。

具體的做法不外乎視狀況讓對方重新認識關鍵問題的背景，對關鍵問題產生認同感，站在同樣的討論立場，也就是站上同一個「腦內擂台」。

另外，根據我進行諮商的經驗，我發現重點在於隨時想像溝通的對象現在最在意什麼，對於自己根據目前的資訊想表達的內容處於什麼樣的思考狀態（像是尚未了解你想表達的事，或即使已經了解卻不甚在意等），進一步預測話題會如何展開。

先揭示整件事的全貌

其次是「揭示整件事的全貌」。

即使你已經讓聽眾跟你站上同一個「腦內擂台」，讓他們理解你正要解答哪個關鍵問題，如果看不見論述主旨的全貌，就算你說的內容是正確的，也很難判斷你是否確實掌握到應該掌握的問題。

在各位讀者中，或許也有人認為先依序表達針對關鍵問題提出之答案的原因，最後在整合的階段讓聽眾看到全貌就行了。

問題是，如果是在聽眾特別多的時候做簡報，聽眾可能不好意思發問，一旦他們腦海中浮現疑問，只要注意力有一點點飄到那個疑問上，**可能就無法專心聽你的簡報內容。因此請先揭示全貌，預告話題接下來將如何展開，再表達每一項內容，就能大大提高聽眾理解的可能性。**

順帶一提，這裡所說的全貌是指**一開始就說出「結論（對關鍵問題的解答）及其理由」**，就算沒有一開始就提到結論，也要表示關鍵問題，以及用來解答關鍵問題的問題結構。

讓資訊之間的關係變得更明確

最後是「輪流提出既有的資訊與全新的資訊，讓資訊間的關係更明確」。為了讓聽眾更容易理解你想表達的故事（一連串的

脈絡），基本上要先了解你已經說過的內容和接下來要說的內容
之間的關係。

　　我在 2017 年去美國埃默里大學的商學院留學 2 年時，學到了
一課：「想要讓聽眾更容易理解你想表達的故事，**OINI 的法則至
關重要**。」OINI 取自 Old information 和 New information 的第一
個英文字母，意指舊的資訊→新的資訊→舊的資訊（＝前一個「新
的資訊」）→……，以輪流提示資訊的方式來展開故事。

圖表 15 提出既有的資訊，再加入全新的資訊

藍色字體：新的資訊　黑色字體：既有資訊

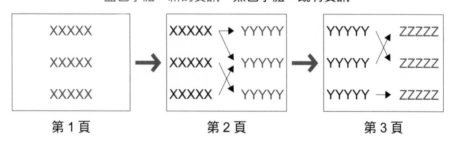

　　光是在發表的時候確實掌握到這點，就能讓聽眾更容易理解
你的故事。我為了在簡報資料明確展現既有資訊與新資訊的關係，
會如圖表 15 所示，刻意提出既有的資訊，讓聽眾光看資料就能明
白新資訊想表達的東西。

　　另外，該以什麼順序提出新資訊呢？希望各位在思考時，都

能一邊想像聽眾看到資訊時可能會感到在意的地方（接下來想知道的部分）。

因此，很重要的是要根據過去溝通的經驗，以及對方的立場、角色，事先掌握對方對這件事會有什麼特別在意、重視的地方；然後發揮想像力，「說出這句話，對方大概會這麼想吧」，來安排說話的順序。

另外，溝通時倘若對方不只一個人，要特別注意這件事的決策者，也就是從「關鍵人物」來構思故事。

簡報的 3 大要素

構思好故事後，終於要做成書面資料了。以下將為各位解說要怎麼用 PowerPoint 來製作簡報。

首先，將一張簡報的構成拆成「標題」、「訊息」、「證據」等 3 個部分來說明。

「標題」是指呈現在簡報左上角，「想用這張簡報來表達什麼」的部分。**這部分相當於結構化思維的「問題」。**

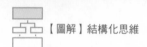

圖表 16　用 3 大要素來製作簡報

簡報的構成

圖例

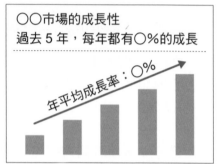

其次是「訊息」的部分，這個部分相當於「想用這張簡報傳達的內容本身」。換句話說，要在簡報的上半部，寫出這張簡報的問題及其解。

最後是呈現於簡報下半部的「證據」。這是用來佐證訊息的部分「為什麼能這麼說」。

失敗案例①　塞了太多東西

接下來，我用很容易失敗的案例，為各位解說製作簡報時的重點。

首先很容易犯的錯誤是「塞了太多內容」。為了說明「標題」

與「訊息」的關聯性，一張簡報基本上只能表達一個訊息，這點請特別留意。

另外，人們習慣根據「證據」來製作簡報，這也是容易在一張簡報裡塞進太多東西的原因。比方說，如果想用一張表格同時說明幾件事，因為一張表格就能傳達好幾個訊息，所以很容易在一張簡報裡塞入好幾個訊息。

只不過，如果想表達的內容不一樣，即使是同一張表格也可以分別出現在好幾張簡報上，這樣也比較容易讓聽眾明白你想表達的訊息。

失敗案例②　弄得太精美，反而妨礙閱讀

其他的失敗案例還有發揮太多創意，把證據的部分製作得太精美，反而讓看的人難以理解。任何人都很容易理解的證據必須遵循一定的規則來製作。

最基本的規則，就是每一頁的縱軸與橫軸都要固定在一定的位置上。

這樣除了能幫助理解表格、圖片的內容，也是因為縱軸與橫軸固定在一定的位置上有助於直覺上的理解。因此在製作證據的

部分時，要記得從二維空間的角度來思考，要讓垂直與水平具有
什麼樣的意義。如此一來，才能讓你更進步。

在工作中活用
結構化思維

　　在第 3 章，將以截至目前說明的結構化思維方法論為基礎，帶各位讀者實際體會如何運用這種思考術。

　　為了讓各位盡可能對問題有具體的概念，將繼續引用第 1 章及第 2 章舉例的中小企業（XY 公司）業務員的故事，向各位提出 5 個實踐問題。

　　還有，為了讓各位盡可能體會這種思考方法的感覺，解說各個問題時，我將仔細拆解該思考術的適用流程（在「步驟③理出答案」之前的「步驟①拆解問題」及「步驟②整理解法」），一一為各位做解說，希望各位讀者都能掌握這與實際運用結構化思維的流程有什麼異同，此舉將有助於加深對實踐此思考術的理解。

　　接下來的解說中，我也會提到指導新手顧問時感受到的「實務上很容易落入的陷阱」，請各位讀者也要提高警覺，不要掉進那些陷阱。

　　在解決問題的時候，**希望各位不要只是在腦中想像自己的解答，請務必寫在紙上，因為這是將學到的知識實際內化成自己的東西時，不可或缺的過程，請千萬不要偷懶，一定要加以實踐。**

　　解說所呈現的內容只是一種解法，並不是獨一無二的正確解

答，這點請各位先有個概念。總之，先面對問題，整理好自己的想法後，再看解說的文字，應該更能加深理解。

此外，本章解說的答案樹將如下圖所示，從關鍵問題→第 1 層→第 2 層……依序展開。

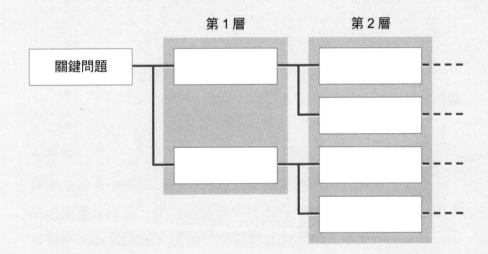

實踐問題 1

接到指派任務，該怎麼做？

　　你在 XY 公司內部一步一腳印地提高了自己的身價，終於升職為總公司業務部的課長。

　　某一天，你的主管，也就是部長拜託你一件事。

　　「為了今後我們公司還能繼續成長，我想開始在東南亞販賣本業務部經手的 A 商品。我尤其看好泰國市場，但是對泰國市場還沒有足夠的了解，所以高層要求我仔細研究我們公司該不該進軍海外。請你去調查，再向我報告。」

　　「當然，不只市場本身有沒有未來性，也要確認有哪些競爭對手，我們公司是否占有優勢。根據調查的結果，我要在 10 月的經營會議，向高層報告今後的方針，所以麻煩在那之前完成。」

　　為了完成這項委託，你決定運用結構化思維來處理這個問題。

提 示

- 請先設定好目標與關鍵問題。

- 這時需要意識到「誰」、「什麼時候前」、「必須處於什麼樣的狀態」。

➡ 從下一頁開始解說！

步驟 **1** 設定關鍵問題

接下來將分成 9 個步驟，為各位詳述實踐問題 1 適用的結構化思維。

本案子的委託人是「部長」。因此「**誰**」即為「**部長**」。

其次是「**何時之前**」，因為必須在經營會議上說明，可以設定為「10 月的經營會議前」。

最後「**必須處於什麼樣的狀態**」，可以說是「必須讓部長充分理解公司是否該進軍泰國市場，而且能用自己的話語來說明的狀態」。

如此一來，就能將關鍵問題設定為「**如何在 10 月的經營會議前，讓部長理解公司（A 商品）是否該進軍泰國市場的判斷，並且能在經營會議上由部長親自說明？**」

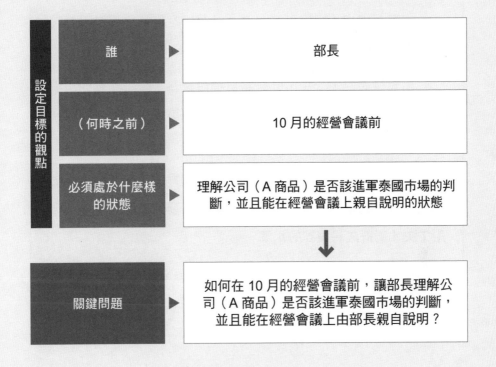

容易落入的陷阱 ①

目標與關鍵問題沒有反映出「應達到的水準」

沒有反映出「應達到的水準」，是設定目標與關鍵問題時經常可以看到的失敗案例。

用實踐問題 1 來說，就是**將目標設定為「調查泰國的市場與分析自家公司的競爭力」，將關鍵問題設定為「如何調查泰國的市場與分析自家公司的競爭力？」**

這麼一來，說得誇張一點，無論品質好壞，只要調查泰國市場或分析競爭力就能實現目標，**看不到要怎麼因應、該下什麼工夫才能達成想達到的水準。**

重點在於，必須讓想達到的水準包含在目標與關鍵問題裡。

步驟 ❷　設定第 1 層的問題

　　其次，拆解「如何在 10 月的經營會議前，讓部長理解公司（A
商品）是否該進軍泰國市場的判斷，並且能在經營會議上由部長
親自說明？」的關鍵問題，設定第 1 層的問題。

　　這時可以從各種不同的角度設定問題，如果關鍵問題的句子
太長，建議使用拆解問題的第一個手法「為文章分段」。

　　這次的關鍵問題包含「公司（A 商品）是否該進軍泰國市場」
的要素，與「讓部長接受上述分析」兩大要素。因此可以設定為「該
不該在泰國市場販賣 A 商品？」與「如何在 10 月的經營會議前讓
部長理解判斷，並且能親自說明？」這兩個問題。

| 如何在 10 月的經營會議前，讓部長理解公司（A 商品）是否該進軍泰國市場的判斷，並且能在經營會議上由部長親自說明？ | **1**
該不該在泰國市場販賣 A 商品？ |
| | **2**
如何在 10 月的經營會議前讓部長理解判斷，並且能親自說明？ |

步驟 ❸　拆解第 1 層的第 1 個問題

　　步驟②在第 1 層設定了「該不該在泰國市場販賣 A 商品？」與「如何在 10 月的經營會議前讓部長理解判斷，並且能親自說明？」這兩個問題。

　　後者就算不再繼續拆解問題，也能討論諸如「設定討論的例會，鉅細靡遺報告進度」等因應對策。另一方面，前者則需要繼續拆解。

　　這裡試著用架構來拆解，例如 3C（公司、市場、競爭對手）等常見的架構，就能再拆解成「從泰國 A 商品的市場規模及成長性來看有機會嗎？」「假設要加入戰局，本公司有優勢嗎？」「就算有優勢，能賺得到錢嗎？」等問題來思考。

如何在 10 月的經營會議前，讓部長理解公司（A 商品）是否該進軍泰國市場的判斷，並且能在經營會議上由部長親自說明？

該不該在泰國市場販賣 A 商品？

市場的角度
從泰國 A 商品的市場規模及成長性來看有機會嗎？

競爭的角度
假設要加入戰局，本公司有優勢嗎？

公司的角度
就算有優勢，賺得到錢嗎？

如何在 10 月的經營會議前讓部長理解判斷，並且能親自說明？

步驟 ④ 拆解第 2 層的第 1 個問題

接著繼續拆解在第 2 層設定的問題。

首先是關於市場規模有沒有機會這點。不只現階段,最好也觀察一下變化的趨勢。因為即使現階段的規模很大,如果急速縮小,可能就稱不上有未來性。

因此,不妨使用拆解問題的第四個手法「通俗的概念」,亦即從「靜態」、「動態」這兩個觀點來拆解問題。只要拆解到這個地步,就能產生需要以什麼樣的方式來呈現的概念,到這階段,就可以判斷不需要再繼續拆解這個問題。

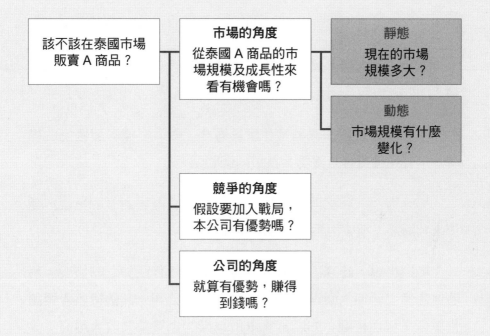

步驟 ⑤　拆解第 2 層的第 2 個問題

　　再來要拆解「假設要加入戰局，本公司有優勢嗎？」

　　如果不明白哪些標準影響了優勢，就很難判斷自己有沒有優勢，因此可以用「到頭來拆解」這個方法。

　　亦即再拆解成「優勢被什麼影響？」與「根據影響優勢的標準，本公司是否擁有優勢？」這兩個問題。

　　另一方面，驗證問題或建立假設後，能否想到怎麼呈現，是用來判斷需不需要再拆解下去的根據。

　　舉例來說，建立「價格競爭力決定有沒有優勢」的假設，倘若你想像已經加入泰國 A 商品市場的各家公司，其營業收入與銷售單價呈現逆相關（亦即銷售單價越低的企業營業收入越高），並做成簡報，就不用再拆解下去了。

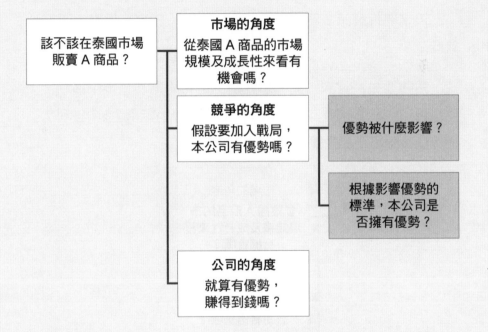

步驟 6　拆解第 2 層的第 3 個問題

再來要拆解第 2 層的最後一個問題：「就算有優勢，賺得到錢嗎？」

這時要先注意到一點，那就是「足夠的獲利是多少獲利？」可以用「到頭來拆解」的手法拆解成「足夠的獲利是多少獲利？」與「能否賺超過那些獲利？」這兩個問題。

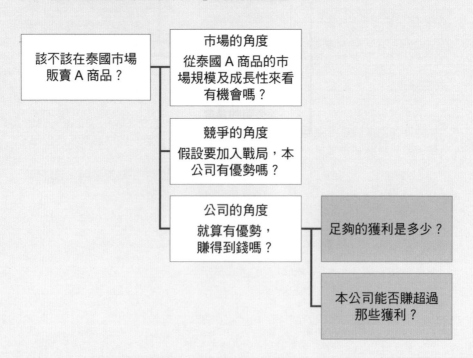

至此，以下是截至目前完成的問題構造全貌。

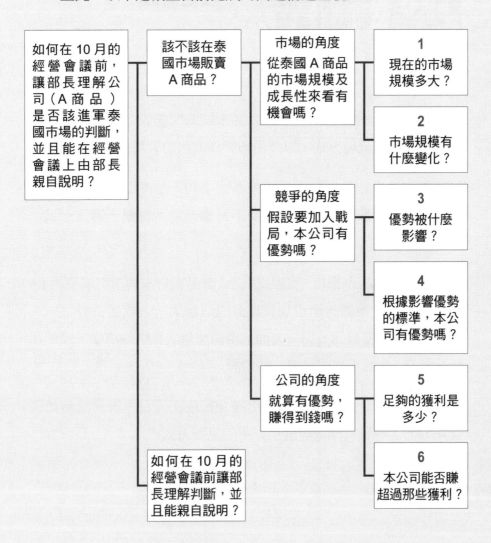

步驟 **7** 為末端問題 1、2 設定假設
並設計呈現方式

　　結束問題的結構化後，就要為末端的問題設定假設，整理用
於驗證假設的呈現方式，以及用於製作簡報的資料來源。

　　首先是「1.現在的市場規模多大」和「2.市場規模有什麼變
化」。建立假設的重點在於即使不是很確定，也要不管三七二十
一試著設定。

　　以這次的案例來說，可以建立「A商品在日本的市場規模約1.5
兆日元，但是泰國的市場規模應該沒這麼大，大概是三分之一，
也就是5,000億日元。另一方面，泰國應為成長中的市場，因此每
年大概有5%的平均成長率」的假設。

　　為了驗證上述的假說，利用獨立行政法人日本貿易振興機構
（JETRO）等資料庫，設計出以下的呈現方式。

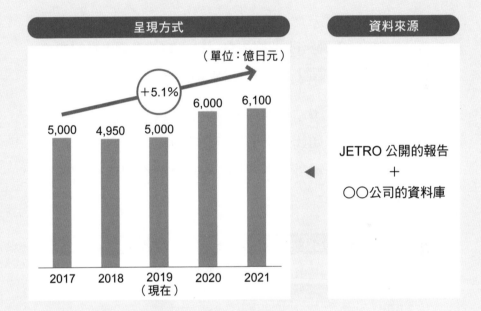

步驟 ⑧ 為末端問題 3、4 設定假設
並設計呈現方式

接著要建立「3.優勢被什麼影響」及「4.根據影響優勢的標準，本公司有優勢嗎」的假設，思考該怎麼呈現。

首先要建立「能否掌握優勢，取決於能以多便宜的價格提供 A 商品」這個假設。如此一來，就能想到可以用下列的呈現方式來驗證上述的假設。另外，也能想到要進行問卷調查，以做為製作簡報時的資料來源。

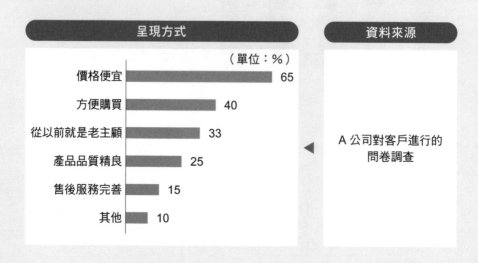

步驟 9 為末端問題 5、6 設定假設 並設計呈現方式

再來要建立「5. 足夠的獲利是多少」及「6. 本公司能否賺超過那些獲利」的假設，並思考呈現方式。

請先建立「對本公司而言，足夠的獲利可以參考其他業務產生的營業收入，以每年 50 億日元左右為標準」的假設。為了驗證這個假設，可以請教在泰國市場販賣自家公司 A 商品的經營高層等相關人員，詢問他們的看法。

另一方面，假設問題 5 可以判斷「一年營業收入 50 億日元」對本公司而言是足夠的獲利，再根據問題 1 與 2 的結論估算出來的市場規模，加上問題 3 與 4 中自家公司的優勢，假設自家公司大約可以賺到 500 億日元（＝整個市場規模的近 10%）。

在這樣的前提下可以想見，只要能確保 10% 左右的毛利率，將來就可以賺到相當可觀的獲利，然而，通常很難從外部資料判斷某種商品在自家公司尚未加入的市場中有多少毛利率。

這時，就要向熟知 A 商品在泰國市場銷售狀況的專家打聽，

用以下的方式呈現。

呈現方式		資料來源
對象	**打聽結果**	
專家 A		
專家 B	至少請教 3 位專家，整理他們對於「A 商品的毛利率」及「影響 A 商品毛利率的主要原因」的意見。 ◀	向泰國市場的專家取經
專家 C		

　　結構化思維的實踐步驟①和②到這裡結束，接下來則是步驟③的面對實際資訊來源，依照想要呈現的方式製作簡報的流程。本書的實踐問題 1 之解說，也就到此為止。

MEMO

實踐問題
2

市場有相同商品，如何競品分析？

　　順利研究完市場，做出是否進軍泰國的結論後，還來不及鬆一口氣，XY 公司又開始討論，是否開始在國內販賣與 A 商品類似的 B 商品。

　　一旦開始販賣 B 商品，這項商品將落到負責販賣同性質商品 A 的你的部門頭上。

　　另一方面，一旦開始販賣 B 商品，可能會對 A 商品造成侵蝕效應，即 A 商品的原有顧客因為買了 B 商品，導致 A 商品的營業額減少。

　　因此，你認為應該要慎重思考要不要販賣 B 商品，決定用結構化思維來整理自己的思路。

- 意識到對 XY 公司而言，要比較哪些要素才能合理判斷「該
  不該開始在國內販賣 B 商品」，將關鍵問題拆解成問題。

　　　　　　　　➡ 從下一頁開始解說！

步驟 ❶ 設定關鍵問題

這次背景資訊的最底層是「⋯⋯想慎重考慮要不要販賣」，因此「誰」的地方可以是「我自己」。不過，如果是要向「某人」報告「我」的想法，促使對方採取行動，希望各位能以那個「某人」為主詞。

其次，「必須處於什麼樣的狀態」則是「能判斷本單位要不要開始販賣 B 商品的狀態」。

這麼一來，關鍵問題即為「本單位應該開始販賣 B 商品嗎？」，十分簡單。

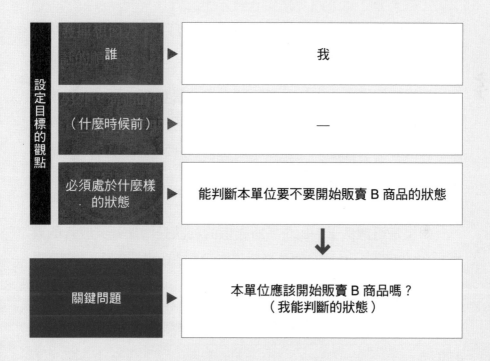

步驟 ❷　設定第 1 層的問題

拆解關鍵問題時，最重要的是思考為了解決關鍵問題，我們必須搞清楚什麼。

在這個例子中，因為一般民間企業（營利企業）皆以追求利益為前提，基本上，只要了解販賣 B 商品「能增加本單位的綜合營業收入嗎」，就能解開關鍵問題（即要不要開始販賣）。

那麼，該怎麼判斷營業收入是否會增加呢？

如果是這個例子，B 商品所貢獻的利潤是增加營業收入的要素，故可以設定「B 商品的營業收入能成長到什麼地步？」的問題。

另一方面，有鑑於販賣 B 商品可能會與 A 商品發生侵蝕效應，故可以設定「販賣 B 商品會讓 A 商品的營業額蒙受多大的損失？」的問題。

如此一來，就能做出只要預估前者的營業額能超過後者（受到排擠）的營業額，就應該開始販賣 B 商品，反之則不該開始販賣 B 商品的判斷。像這樣思考為了解答關鍵問題必須搞清楚什麼，並進行拆解。

附帶一提，以下的內容是以「從本單位營業收入的觀點出發，販賣 B 商品只會影響到 A 商品的營業額」為前提。

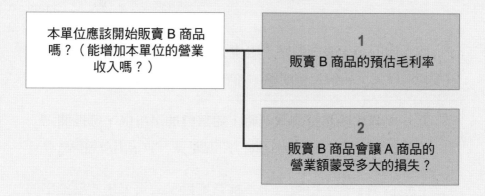

只要有機會 1 ＞ 2，就能做出「應該開始販賣 B 商品」的判斷。另一方面，倘若預估 1 ＜ 2，則要做出「不應該開始販賣 B 商品」的判斷。

這個前提很容易流於「對別人來說也一樣吧」的迷思，但是看在別人眼中，通常不一定能完全套用。另一方面，自己也很容易沒意識到「這是前提」。

因此，要經常意識到設定關鍵問題或問題時的前提，最好養成當自己想用結構化思維與別人溝通時，隨時思考對方會不會覺得這個前提不自然的習慣。

步驟 ❸ 　拆解第 1 層的第 1 個問題

　　第 1 層的第 1 個問題是「販賣 B 商品的預估毛利率」，再來就要思考該怎麼拆解這個問題。

　　想從財務的觀點推測數值時，通常會抽出可以準確推測到一定程度的數值，根據那個數值進行四則運算，並求出解答。

　　在這個例子裡，很難一下子推測出自家公司未來才要推出的 B 商品營業額，倘若別家公司已經展開同樣的業務，且公布毛利率，就能據此推測自家公司也開始販賣這項商品的毛利率。

　　另外，除了 B 商品的市場規模，如果能根據與競爭對手比較時的優勢，或預估 B 商品的顧客會有多少人改買自家公司的商品，來推測有望獲得的市場占有率，就能用「市場規模 × 市占率」，推測出自家公司販賣 B 商品的銷售量。

　　再把上述的銷售量乘以預估的毛利率，就能估算出 B 商品大致的利潤。

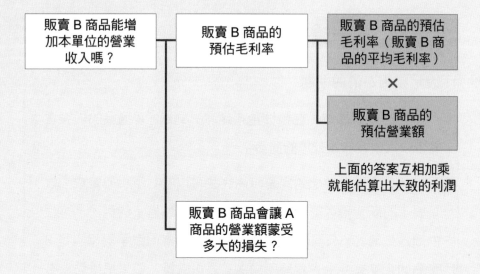

上面的答案互相加乘
就能估算出大致的利潤

另一方面，要推測到很精確肯定不是一件容易的事，但是請隨時保持「到頭來，有必要推測到這麼精細嗎？」的態度。

為了解開「該開始販賣 B 商品嗎？」的關鍵問題，對於「B商品帶來的營業收入能否超過 A 商品受到侵蝕的營業收入」，只要能掌握到一定程度的正確性即可，不用精確到「超過 30％還是超過 40％」這種地步。

設定模糊不清的問題

販賣 B 商品時，在預估營業額時提到過「B 商品的顧客會有多少人改買自家公司的商品」。

將其設定為實際的問題時，往往可以看到不小心變成「競爭對手的既有顧客覺得 XY 公司的 B 商品如何」的例子。這裡的問題是當 XY 公司開始販賣 B 商品，原本向競爭對手購買 B 商品的企業有多少人會轉而向 XY 公司購買。如果把重點放在「覺得 B 商品如何」很容易模糊焦點。

結構化的問題應該要以無論是誰來看，內容都盡可能沒有矛盾的狀態為目標，所以應該避開「不知道要針對什麼目標提出解答的表現方式」。

步驟 **4** 拆解第 2 層的第 2 個問題

接著繼續拆解第 2 層的第 2 個問題。

預估營業額時，可以從好幾個角度切入，假設市場規模是公開的祕密，且能一定程度推測出可以在已經進入市場的企業間獲得多少市場占有率，即可如同步驟③解說的，拆解成「B 商品的市場規模有多大？」與「能獲得多少市場占有率？」。

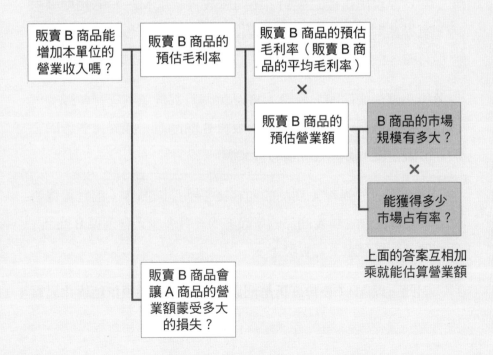

上面的答案互相加乘就能估算營業額

步驟 ⑤ 拆解第 1 層的第 2 個問題

接下來要拆解第 1 層的第 2 個問題「販賣 B 商品會讓 A 商品的營業額蒙受多大的損失？」

首先，可以從「A 商品的現有顧客中，有多少人會轉而購買 B 商品」的觀點切入。

一旦浮現出這樣的觀點，不妨養成「若以 MECE 的角度來思考，有哪些問題可以並列」的習慣。這時就可以想想看，既然有「現有顧客」的觀點，難道沒有「新顧客」的觀點嗎？

接著延伸成問題，假設 A 商品每個月都能順利獲得新顧客，使獲利得以成長。可以想見開始販賣 B 商品時，獲得這些新顧客的速度會變慢，影響到今後的營業額。

另一方面，倘若 A 商品的顧客幾乎都是回頭客，很難獲得新顧客，「有機會成為 A 商品的新顧客中，有多少人會選擇 B 商品」的問題就顯得有點不切實際了。

因此，以 MECE 角度拆解問題的同時，也必須依結構化思維

的適用對象（事業等）的實際狀況，來區分問題的必要性及重要性。

至於要不要繼續拆解上述設定的第 2 層第 1 個問題「A 商品的現有顧客中，有多少人會轉而購買 B 商品」，則取決於有沒有拆解成必要的層級。

舉例來說，如果對這個問題的答案是「對現有顧客進行簡單的市場調查，問他們倘若本公司開始販賣 B 商品，他們會改買 B 商品嗎？根據市場調查的結果來推測全體現有顧客中，有多少人願意改買 B 商品」，那這個階段就不用再繼續拆解下去了。

另一方面，如果難以歸納出以上的答案，必須用理論來回答的話，也可以用「前提條件」來拆解的手法，將問題拆解成「到頭來，哪些顧客傾向於選擇 B 商品而非 A 商品」、「這些顧客在現有顧客中占幾成」。

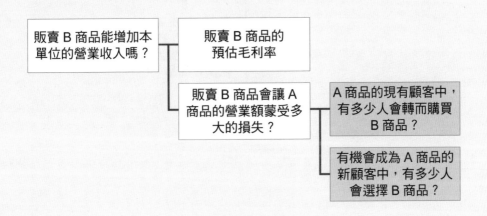

完成的問題構造全貌如下所示：

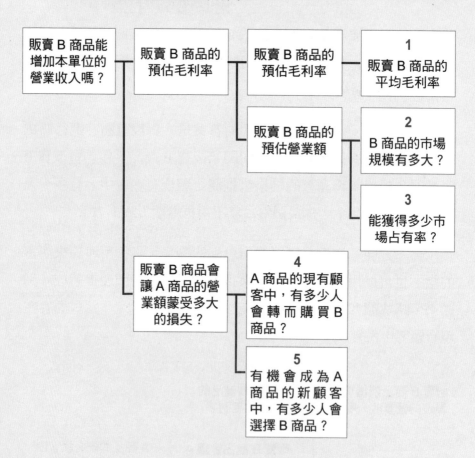

步驟 ⑥ 為末端問題 1 設定假設 並設計呈現方式

　　首先要思考「1. 販賣 B 商品的平均毛利率」。由於公司有販賣替代品 A 商品，思考時可以參考 A 商品的毛利率。假如 B 商品具有比 A 商品更高的附加價值，可以猜想 B 商品的毛利率將高於 A 商品。另一方面，如果是以價格為賣點的商品，為了以價格取勝，毛利率可能不高。無論是哪一種情況，假設可以將平均毛利率設定為 15％左右。

　　為了驗證這一點，**必須整理其他公司販賣 B 商品的毛利率，取其平均值**，也因此，可以援引其他公司的有價證券報告書，或販賣 B 商品的業界詳細報告等資料，製作成以下的簡報。

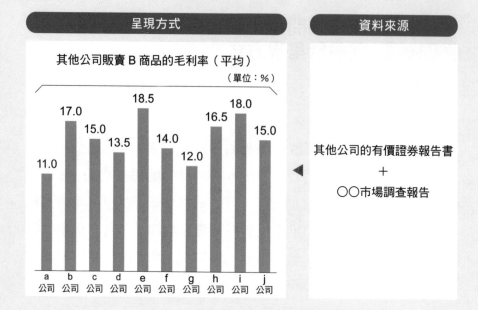

步驟 **7** **為末端問題 2 設定假設**
並設計呈現方式

接著來思考針對「2. B 商品的市場規模有多大」的問題，該怎麼建立假設。

倘若你腦中已經有足以用來思考規模的根據，就要據此來思考。就算沒有，也要不管三七二十一擠出想法，使其具體成形，這點至關重要。

如同這次的步驟⑥是以 A 商品的現狀為根據，以相同的想法推測市場規模約 4 兆日元左右。專門調查市場規模的公司會提出這類市場規模的報告，或許能根據上述的市場調查報告，製作下一頁的簡報。

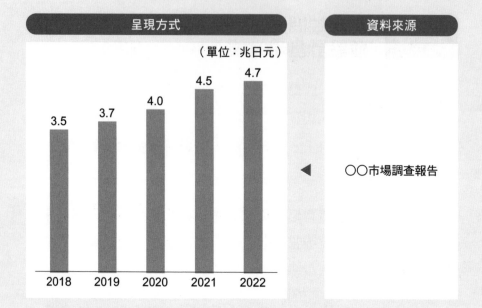

呈現方式

（單位：兆日元）

2018	2019	2020	2021	2022
3.5	3.7	4.0	4.5	4.7

資料來源

◯◯市場調查報告

步驟 ⑧　為末端問題 3 設定假設 並設計呈現方式

接下來要思考「3. 能獲得多少市場占有率」。

假設建立了「有很多企業都販賣 B 商品，市場占有率流於分散。根據市場的真實狀態，即使是最大的公司也不到 10％，大部分的企業都不到 5％，所以最好認為自家公司可以獲得的市場占有率也只有數％比較妥當」的假設。

用來驗證上述假說的呈現方式跟步驟⑥一樣，可以根據市場調查報告來製作以下的簡報。

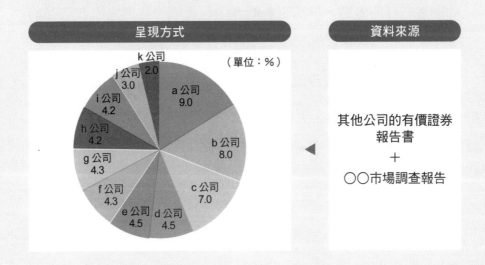

| 呈現方式 | 資料來源 |

k 公司 2.0
j 公司 3.0
i 公司 4.2
h 公司 4.2
g 公司 4.3
f 公司 4.3
e 公司 4.5
d 公司 4.5
c 公司 7.0
b 公司 8.0
a 公司 9.0
（單位：％）

其他公司的有價證券報告書
＋
○○市場調查報告

步驟 ❾　為末端問題 4、5 設定假設 並設計呈現方式

　　最後要思考「4. A 商品的現有顧客中，有多少人會轉而購買 B 商品」，以及「5. 有機會成為 A 商品的新顧客中，有多少人會選擇 B 商品」的假設、呈現方式、資料來源。

　　假設現有顧客的轉換程度與新顧客的轉換程度差不多（轉換的動機不受現有顧客或新顧客影響），另外，再假設兩者的假說和呈現方式都一樣。

　　先思考假設，一種思考方式是篩選出 A 商品與 B 商品對各自的顧客有哪些優點，推測現有顧客中有幾成的客群會被 B 商品的優點吸引住。假設有超過一半的顧客會移情別戀。

　　有一種做法可以驗證上述的假設，那就是對自家公司的顧客進行簡單的問卷調查，繪成以下的圓餅圖。

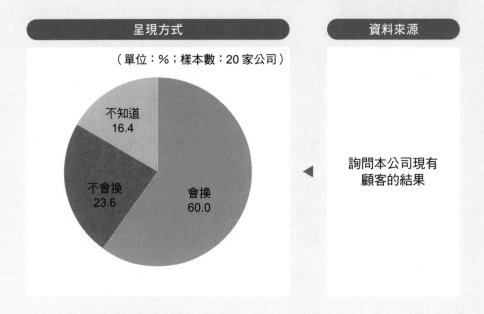

只要能整理到這裡，接下來就要依照這些資料來源，進行製作和驗證簡報的作業了。

被問到「會不會獲利」，怎麼回？

運用了結構化思維後，假設我們能判斷「B 商品對 A 商品的侵蝕效應有限，而且 B 商品有望貢獻一定程度的收益」。

向主管報告這個結果時，主管說：「經營團隊想知道的是從公司的角度來看，擴大販賣 B 商品能成為主要獲利來源嗎？希望你能先在腦中整理好要怎麼從這個觀點來說明。」

因此，以下繼續用結構化思維來整理「能否成為主要獲利來源」這個問題。

● 對於模稜兩可的內容，盡可能具體定義之後，再進行問題
的結構化。

→ 從下一頁開始解說！

步驟❶ 設定關鍵問題

　　首先是「誰」，目標是要讓經營團隊處於達成共識的狀態，因此可以設定為「經營團隊」。其次是經營團隊必須達到哪個狀態，亦即「認同 B 商品能否成為本公司主要獲利來源的狀態」。

　　換言之，關鍵問題可以設定為「如何讓經營團隊認同並理解，B 商品能否成為本公司主要獲利來源？」

　　不過要特別注意，這個關鍵問題裡提到「主要獲利來源」的說法是否有點模糊。因為如果沒有明確指出主要獲利來源是指哪種獲利狀態，討論起來就會含糊其詞。

　　這次的目標是讓經營團隊接受討論的結果，所以在設定關鍵問題時必須明確指出他們心目中的「主要獲利來源」是什麼。假如公司內部對目前的主要獲利來源是哪一項業務已有共識，就必須參考那項業務的獲利，賦予相關人員都能接受的定義。

　　關於這點，這次的案例設定為「開始販賣 5 年後，營業額能不能突破 5 億日元」進行討論。

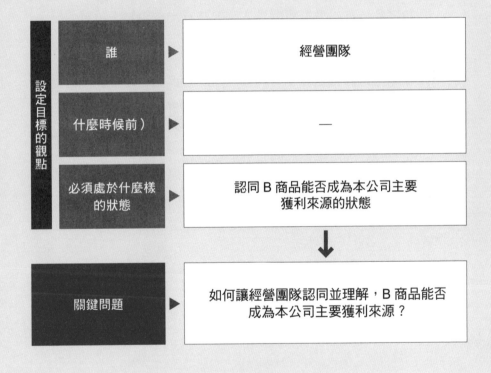

容易落入的陷阱 ③

在語焉不詳的狀態下拆解問題

希望各位在思考實踐問題 3 時要注意一個重點：拆解問題前，要先明確定義用詞。

職場上充斥著定義十分模糊的用詞，但是在建立完整的邏輯時，如果沒有事先定義好，各自的解讀可能會因人而異，討論起來就很容易產生歧見。

因此必須先自問自答，關鍵問題或問題的內容是否有含糊不清的部分，盡量排除掉模稜兩可的部分，再來進行結構化。

步驟 ❷ ## 設定第 1 層的問題

　　這個步驟要拆解的是關鍵問題「如何讓經營團隊認同並理解，B 商品能否成為本公司主要獲利來源？」

　　如果關鍵問題太長，建議用一招「為文章分段」來拆解問題。

　　這次的關鍵問題包含「能否成為主要獲利來源」和「如何讓經營團隊認同」這 2 個要素，因此請先拆解成「B 商品能否成為本公司的主要獲利來源」和「如何讓經營團隊認同並理解上述判斷」這 2 個問題。

如何讓經營團隊認同並理解，B 商品能否成為本公司主要獲利來源？	B 商品能否成為本公司的主要獲利來源（開始販賣 5 年後，能否確保有 5 億日元左右的獲利）？
	如何讓經營團隊認同並理解上述判斷？

步驟❸　拆解第 1 層的第 1 個問題

　　這個步驟要拆解「B 商品能否成為本公司的主要獲利來源（開始販賣 5 年後，能否確保有 5 億日元左右的獲利）」的問題。

　　這部分的內容在實踐問題 2 討論過，在營業額的預估數字再加上「5 年後」這個觀點，因此只要應用實踐問題 2 的方法，就能完成如下頁所示的問題拆解。

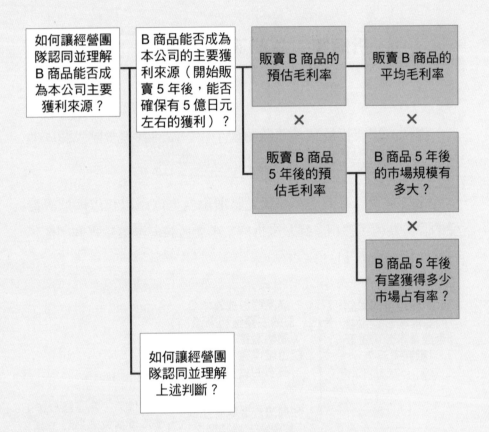

步驟 ❹　拆解第 1 層的第 2 個問題

　　這個步驟要拆解關鍵問題的後半段「如何讓經營團隊認同並理解……？」

　　這時有個思考方法，那就是整理出對方之所以難以理解或接受的障礙為何，善用「到頭來拆解」來思考該怎麼跨越那個門檻，再據此拆解如下。

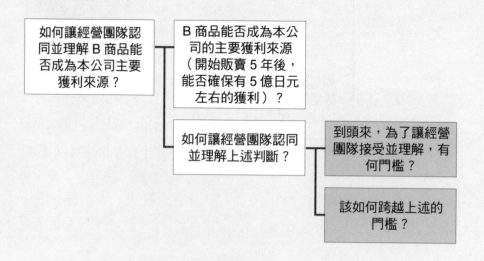

　　再將拆解到這裡的所有問題整理在一起。

另外，末端問題 1～3 的假設、呈現方式、資料來源，因為與實踐問題 2 的內容重複，因此忍痛割愛跳過。

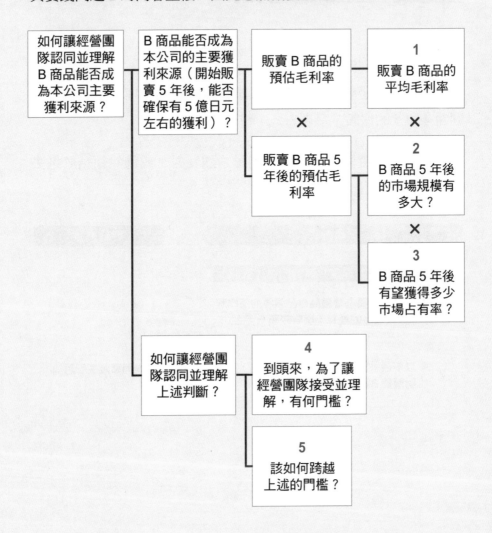

步驟 ⑤　為末端問題 4、5 設定假設 並設計呈現方式

這個步驟是要思考「如何讓經營團隊認同並理解」這個末端問題 4 與 5 的假設、呈現方式、資料來源。

先假設會遭受特定的經營團隊強烈反對，或仍然糾結於過去的失敗經驗等例子吧。

呈現方式	資料來源

No.	經營團隊之間達成共識的門檻（假設）
1	● ○○董事擔心會侵蝕自己領導的部門販賣 A 商品的獲利，反對販賣 B 商品。
2	● 以前競爭對手販賣過 B 商品失利，所以對販賣 B 商品發出質疑的聲浪。
3	● ……

◀ 與同事及主管討論

　　建議你在與相關人員討論這方面的假設、篩選假設或驗證的同時，也必須像末端問題 5 那樣，重點式處理看起來再理所當然不過的內容。

　　只要能整理到這裡，接下來就能根據整理出來的結果實際動手做，解開關鍵問題。

實踐問題 4

缺工問題，要不要
調整營業時間？

　　成功協助公司在海外銷售 A 商品、在國內販賣 B 商品後，你順利當上了部長。

　　升官的同時，XY 公司的經營團隊認為，前途無量的你不能只有一次管理事業的經驗，希望你能從更宏觀的角度累積管理經驗，決定將你調到經營企劃部。

　　由於工作內容與過去截然不同，你不免有些驚慌，很快地，「旗下的分公司 XY 餐廳該繼續夜間營業嗎？」這個困難的經營課題就落到你頭上。

　　XY 公司是一家綜合貿易公司，旗下有幾間餐飲企業，其中一間即為 XY 餐廳。目前正以連鎖加盟的方式，在國內部分區域拓展事業版圖。

這些加盟店的老闆向公司提出「因為找不到人手，希望能停止 24 小時營業」的要求。

另一方面，總公司一向以 24 小時營業為賣點，擔心如果結束 24 小時營業，可能會流失客人。再加上過去也流傳著 24 小時營業有助於維護地區治安的說法，站在公司的立場，必須研究該不該繼續 24 小時營業。

為了解決以上的問題，你決定利用結構化思維來整理思緒。

提 示

- 不只從財務面的觀點來判斷，也要參考非財務面的觀點，從綜合的角度注意能解開關鍵問題的問題構造。

→ 從下一頁開始解說！

步驟 ① 設定關鍵問題

這次的目標可以說是「我要對子公司的 XY 餐廳要不要繼續夜間營業做出判斷」。

因此，關鍵問題可以很簡單設定為「XY 餐廳該繼續夜間營業嗎？」

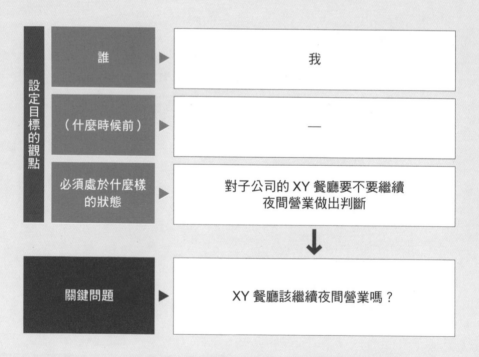

步驟❷　設定第 1 層的問題

首先要思考該怎麼拆解關鍵問題「XY 餐廳該繼續夜間營業嗎」的問題。

拆解的方法不只一個，因此可能會不曉得該用什麼方法來拆解，結構化思維正是可以用來思考的助力之一，有助於整理問題的源頭和背景。

這裡的源頭和背景，是人手的問題及地區治安等財務面以外的觀點（企業一般都以財務面做為判斷的核心），因此可以同時從這種非財務面的觀點與財務面的觀點來拆解問題。

換句話說，可以拆解成「從財務面來研究該不該繼續夜間營業」，以及「從非財務面來研究該不該繼續夜間營業」。

XY 餐廳該繼續夜間營業嗎？	從財務面來研究 該不該繼續夜間營業？
	從非財務面來研究 該不該繼續夜間營業？

容易落入的陷阱 ④

硬是想套入某種架構

架構這個用語在商業上已經很普及了，幾乎走到哪裡都可以聽到。新手顧問很容易被架構影響，以邏輯上有些不通的形式來拆解問題。

架構確實是用來檢查思考有沒有遺漏時非常好用的工具。另一方面，機械化套進架構並沒有太大的意義，尤其是結構化思維，為了解開關鍵問題，該怎麼拆解問題，這一連串的過程是否合理更加重要。

因此，不是用某種架構來思考問題的拆解方法，而是在拆解問題時，為了確保沒有遺漏才考慮要不要用上架構，品質反而會更好。

舉例來說，右圖便是硬要利用 SWOT 分析拆解關鍵問題的失敗例子。

以這次的問題為例，假如關鍵問題是「如何讓夜間營業成功？」，那麼「如何利用（事先定義是成功的）優勢來確保自己優於競爭對手」的觀點就很恰當。

然而，在解開「該實施夜間營業嗎？」這個關鍵問題時，與「有什麼優勢」其實沒什麼太直接的關聯性。

由此可知，**拆解時硬要套入一個已知的架構，可能會偏離結構化問題的本質**，所以一定要小心。

失敗的例子

XY 餐廳該繼續夜間營業嗎？

- 實施夜間營業的優勢（Strength）
- 實施夜間營業的劣勢（Weakness）
- 實施夜間營業帶來的機會（Opportunity）
- 實施夜間營業受到的威脅（Threat）

步驟 ❸　拆解第 1 層的第 1 個問題

　　這個步驟將問題拆解成「從財務面來研究該不該繼續夜間營業」，以及「從非財務面來研究該不該繼續夜間營業」。首先是前者，從營利企業的目的就是要追求利益這個觀點來看，大概可以拆解成「繼續夜間營業預估能有多少獲利」的問題與「不繼續的話預估能有多少獲利」的問題，判斷哪邊的獲利比較多。

XY 餐廳該繼續夜間營業嗎？	從財務面來研究該不該繼續夜間營業？	繼續夜間營業預估能有多少獲利？
		不繼續的話預估能有多少獲利？

上述 2 個問題的答案哪邊比較大，就能解出上一層的問題（財務面要不要繼續營業）。

從非財務面來研究該不該繼續夜間營業？

步驟 ❹ 拆解第 1 層的第 2 個問題

　　另一方面，關於後者要怎麼拆解，用架構來拆解是一種思考方式。

　　舉個例子，假設用 ESG（Environmental、Social、Governance）的架構來思考，Environmental（環境）與本來的意思略有不同，是包含治安在內，對地區的環境影響；Social（社會）則是 24 小時營業時的勞務問題等觀點；最後的 Governance（公司治理）是對連鎖加盟這種經營環境的顧慮，據此可以設定各自的問題。

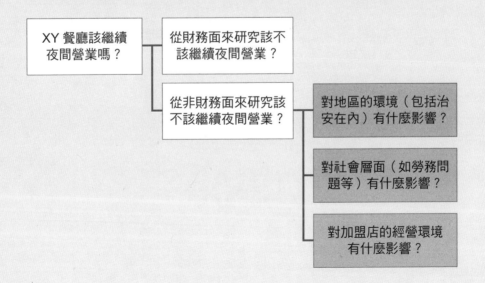

以下是截至目前結構化的問題全貌。

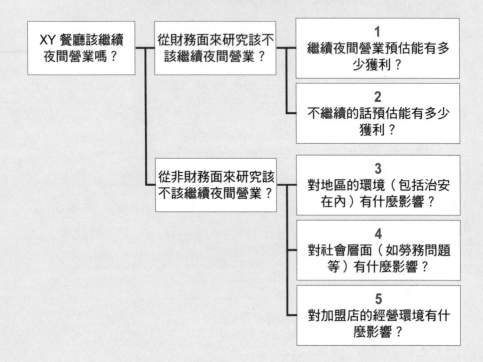

步驟 ⑤ 為末端問題 1、2 設定假設 並設計呈現方式

這個步驟將針對「1. 繼續夜間營業預估能有多少獲利」與「2. 不繼續的話預估能有多少獲利」，這 2 個相對的問題整理出一組假設及呈現方式、資料來源。

首先是假設，只要對自家集團的獲利狀態有一定程度的了解，也知道夜間的營業收入占比的話，應該不難建立假設。另一方面，因為關係到加盟主（XY 公司以外的公司）的業績，可能不容易想像。不過，即使無法精確掌握不繼續夜間營業的獲利是負 10％、負 3％還是正 7％，也能經由研究假設得到充分的提示。

檢視假設的好處在於，能搞清楚必須將自己要處理的問題拆解得多精細。

假設在自家公司管理的區域範圍內，夜間的來客數等市場的狀況各自不同，就要依每家店的實際業績製作下一頁的簡報（各區域的店鋪合計營業額），包含加盟店在內。

	繼續夜間營業的合計營業額	不繼續夜間營業的合計營業額
呈現方式		**資料來源**
全區合計	○○	○○
A區	○○	○○
B區	○○	○○
C區	○○	○○
D區	○○	○○

著眼於「繼續」與「不繼續」哪一邊的營業額
較多（尤其是所有區域的合計營業額）。

◀ 包含加盟店在內，
每個時段的實際業績。

| 步驟 ⑥ | 為末端問題 3 設定假設
並設計呈現方式 |

再來要思考「3. 對地區的環境（包括治安在內）有什麼影響」的問題。

不繼續 24 小時營業的假設可以從好壞兩面來設定，包含「可以消除部分店鋪周圍的居民對夜間噪音的抱怨」、「可能會導致郊外店鋪附近的夜間犯罪發生率上升」。

與同事、主管、相關人員一起討論這些假設，在篩選假設的同時，想出能提高可行性的因應之道。

呈現方式	資料來源

No.	不繼續夜間營業對地區的環境有什麼影響（假設）
1	● 可能會導致郊外店鋪附近夜間的犯罪發生率上升
2	● 可以消除部分店鋪周圍的居民對夜間噪音的抱怨
3	● ……

◀ 與同事及主管討論

步驟 ❼　為末端問題 4 設定假設
並設計呈現方式

　　接著要思考「4. 對社會的勞務問題等有什麼影響」。這次我想把焦點放在勞務問題上。

　　繼續夜間營業的假設可以想到「有些店鋪徵不到夜間的人手，擔心店長過勞」、「無法繼續僱用只有半夜能上班的兼職工讀生」等內容。

　　這些內容也跟步驟⑥一樣，可以透過與同事、主管、相關人員的討論，確認假設的正確性及再複習一遍內容。

呈現方式	資料來源

No.	繼續夜間營業對地區的環境有什麼影響（假設）	
1	● 有些店鋪徵不到夜間的人手，擔心店長過勞	
2	● 無法繼續僱用只有半夜能上班的兼職工讀生	◀ 與同事及主管討論
3	● ……	

步驟 ⑧　為末端問題 5 設定假設 並設計呈現方式

最後來討論「5. 對加盟店的經營環境有什麼影響」。

可以想到的假設有「會對夜間營業額較多的都市型店鋪的收入造成很大衝擊」、「能改善夜間營業額為赤字的郊外店鋪收益」。

這部分的假設也跟步驟⑥及⑦一樣，必須透過與同事及主管討論，找出一個可行性最高的方式。

呈現方式	資料來源

No.	對加盟店的經營環境有什麼影響（假設）	
1	● 夜間營業額較多的都市型店鋪（主要為 B、C 區），會對收入造成很大的衝擊	
2	● 能改善夜間營業額為赤字的郊外店鋪收益	◀ 與同事及主管討論
3	● ……	

完成以上的作業，終於可以從各種資料來源整理出呈現方式，製作成簡報，進入驗證假設的階段。

實踐問題 5

如何找出客群，設定行銷策略？

在實踐問題 4 中，最後公司做出的結論是不強制加盟主 24 小時營業。

另一方面，營業時間縮短之後，要怎麼比過去更有效率將客人集中在營業時間就變得格外重要。

因此，公司站在負責該餐廳品牌整體宣傳的立場上，必須要擬訂宣傳策略。

然而，該餐廳品牌以前並沒有稱得上是宣傳策略的戰術，你認為不能再這樣下去，決定透過結構化思維來整理重點目標客層，以及該怎麼對那個目標客層打廣告。

- 對重點目標客層實施有效的宣傳策略，意識到哪些是要研究的觀點，試著用那個觀點來設定問題。

→ 從下一頁開始解說！

步驟 **①**　設定關鍵問題

「對於自家公司的餐廳品牌應該採取什麼宣傳策略，自己的想法已經整理好的狀態」，可以說是這個實踐問題的目標。

由此可見，關鍵問題是「自家公司的餐廳品牌應該重視的目標客層為何，應該對那個客層採取哪些宣傳策略？」

這時，最好定義清楚宣傳策略含有哪些要素，所以你需要整理的其實是「對誰（應重視的目標客層）」、「什麼時候」、「對什麼」、「該如何溝通」。

由此可以整理出宣傳策略包含了應表達的內容、表達方式、表達的時機。

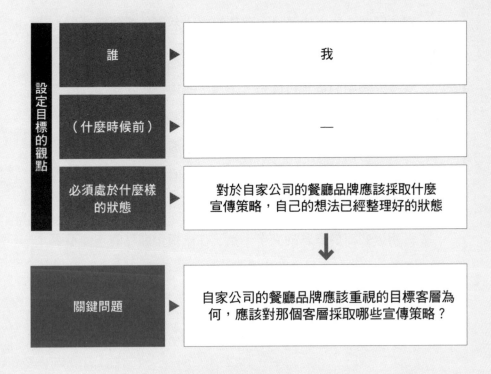

容易落入的陷阱 ⑤

直接將流於概念的文字結構化

實踐問題 5 的主題是思考宣傳策略。然而,各位讀者原本想像的「宣傳策略」長什麼樣子?

有些人腦中的概念可能是「選擇、取捨宣傳媒體,以改善性價比」,有些人的想法可能是「吸引顧客興趣的訴求內容比競爭重要」。也就是說,只要是在職場打滾的人,一定都對於「宣傳」、「策略」這些字眼耳熟能詳,但每個人對這些字眼的概念或想法可能都不一樣。

針對這些流於概念的文字,為了在結構化觀點的時候不要掛一漏萬,有意識拆解這些字眼蘊含的要素很重要。

步驟 ❷　設定第 1 層的問題

接下來，要將「自家公司的餐廳品牌應該重視的目標客層為何，應該對那個客層採取哪些宣傳策略」的關鍵問題拆解成問題。

這裡運用了為文章分段的技巧，首先要分成「應該重視哪個目標客層」與「對應重視的客層該採取哪些宣傳策略」這 2 個問題來思考。

自家公司的餐廳品牌應該重視的目標客層為何，應該對那個客層採取哪些宣傳策略？	應該重視哪個目標客層？
	對應重視的客層該採取哪些宣傳策略？

步驟 **3** 　**拆解第 1 層的第 1 個問題**

這個步驟要拆解第 1 層的第 1 個問題。

首先，請運用前提條件來拆解「應該重視哪個目標客層」。

這麼一來，就能拆解成「到頭來，應重視的目標客層要以什麼為判斷標準」、「依照上述的判斷標準，應重視哪些目標客層」的問題。一旦自家公司的餐廳品牌應該重視的客層有了明確的判斷標準（例如有望頻繁來店裡光顧的客層），自然就會知道是哪些客層（應重視的目標客層）。

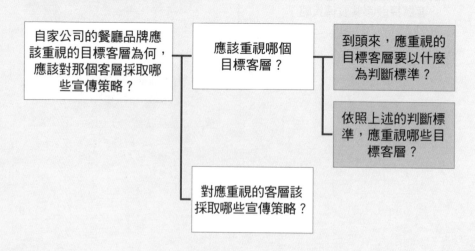

步驟 ❹　拆解第 1 層的第 2 個問題

　　接著再逐步拆解「對應重視的客層該採取哪些宣傳策略」。在分析步驟③的問題時，你已經搞清楚誰是應重視的客層，因此這個步驟就是要整理對那個目標客層的宣傳策略。

　　關鍵問題的部分已經定義了 3 個宣傳策略裡包含的要素，分別是「應表達的內容（訴求內容）」、「表達的時機」、「表達的方式（媒體）」，接下來就要根據各自的內容找出解答。

　　這時的內容必須能打動目標客層，因此可以將內容整理成「要訴諸於什麼樣的內容，才能讓目標客層更願意來餐廳光顧」、「哪些是目標客層主要使用的媒體」、「他們是在哪個時間點使用那些媒體」。

自家公司的餐廳品牌應該重視的目標客層為何，應該對那個客層採取哪些宣傳策略？

應該重視哪個目標客層？

對應重視的客層該採取哪些宣傳策略？

（為了讓目標客層願意更頻繁地來店裡光顧）需要採取哪些訴求內容？

應該在什麼時候表達（上述的訴求內容）？

應該用什麼媒體表達（上述的訴求內容）？

以下是截至目前結構化的問題全貌。

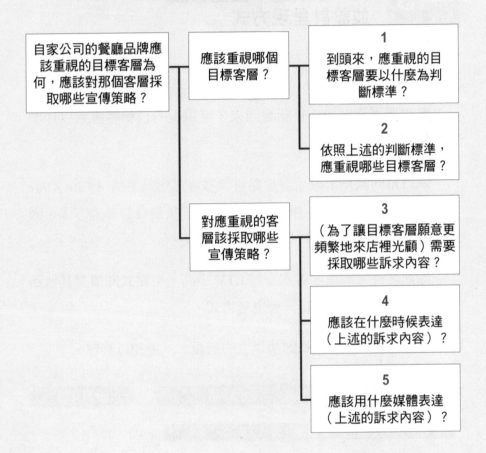

步驟 ⑤ 為末端問題 1 設定假設 並設計呈現方式

其次要思考關於「1. 話說回來，應重視的目標客層要以什麼為判斷標準」的假設。

以行銷的觀點來說，將重點目標顧客設定為 LTV（Life Time Value，顧客終身價值）潛力較高的顧客，是常見的思考方式。因此，以 LTV 為判斷標準可以視為一種假設。

除此之外，即使顧客本身的 LTV 不高，重點式關懷對其他顧客影響力較高的顧客也是一種思考方式。

不妨一邊與相關人員討論以上的假設，一邊加以整理。

呈現方式		資料來源
No.	主要目標客層的判斷標準（假設）	
1	● LTV 較高的顧客	
2	● 會積極透過社交軟體宣傳口碑的顧客	◀ 與同事及主管討論
3	● ⋯⋯	

步驟 ⑥ **為末端問題 2 設定假設
並設計呈現方式**

再來是「2. 依照上述的判斷標準應重視哪些目標客層」。

假設以 LTV 的高低當作目標客層的標準判斷。只要有明確的判斷標準，能據此導入量化的數據加以驗證，就能採取一定程度系統化的方式來處理。

不過，現實上往往沒有那麼順利，不是公司內部的相關數據並不完整，就是分析了數據仍不知道該怎麼解釋。

如果碰到上述的情況，可以詢問熟知第一線情況的相關人員（例如店鋪的督導或店長），整理符合標準的客層是哪些人，採取因應的手段。

呈現方式	資料來源

No.	哪些是LTV較高的顧客（假設）
1	● 經常來店裡光顧，停留時間比較長的顧客 （在店裡工作或學習的顧客）
2	● 每週末都會帶家人來店裡光顧的附近居民
3	● ……

◀

質性研究
請教督導或店長
＋
量化研究
用自家公司的會員
資料庫來分析

步驟 ❼ 為末端問題 3 設定假設 並設計呈現方式

這個步驟要思考「3.（為了讓目標客層願意更頻繁地來店裡光顧）需要採取哪些訴求內容」。

假設在末端問題 2 判斷「因為工作或學習等原因經常來店裡光顧的客人」具有高 LTV 的傾向，再假設可以用會不會在餐廳吃午飯來做為上述目標客層 LTV 高低的分水嶺。

這時的訴求內容就可以是「發行在店裡吃午飯的優惠券」或「推出買甜點送飲料的活動」等假設。

建議針對上述的假設，與熟知第一線的相關人員討論後，整理出實際的目標客層。

	呈現方式		資料來源
No.	針對因為工作或學習等原因,經常來店裡光顧的客人之訴求內容(假設)		
1	● 發行能讓他們確實留在店內吃午餐的優惠券		
2	● 推出買甜點送飲料的活動	◀	請教第一線的督導或店長
3	● ……		

步驟 ⑧　為末端問題 4 設定假設 並設計呈現方式

接著請以截至步驟⑦的前提，繼續思考「4. 應該在什麼時候表達（上述的訴求內容）」。

如何讓應重視的目標客層留在這家餐廳吃午飯，就顯得格外重要。因此，假設即為「為了讓他們確實留在店內吃午餐，在午餐時段開始的時候」、「為了提高客單價，在想多點一道甜點之類的午餐時段之後」就是適當的時機。

為了驗證上述內容的假說有沒有可行性，必須詢問在第一線工作的相關人員，根據他們的意見來過濾假設、進行驗證。

	呈現方式
No.	針對因為工作或學習等原因，經常來店裡光顧的客人之訴求時機（假設）
1	● 為了讓他們確實留在店內吃午餐，在午餐時段開始時提出訴求
2	● 為了提高客單價，在想多點一道甜點之類的午餐時段後提出訴求
3	● ……

資料來源

◀ 請教第一線的督導或店長

步驟 9　為末端問題 5 設定假設 並設計呈現方式

最後，繼續以截至步驟 8 的前提來思考「5. 應該用什麼媒體表達（上述的訴求內容）」。

如何讓已經大駕光臨的目標客層在店裡吃午餐至關重要，因此，透過現場直接接待客人的外場員工宣傳，或店內的文宣也是很適合的媒體。當然，不只這些實體的媒體，大部分目標客層都會使用的 APP 等數位媒體，也必須納入思考範圍。

為了驗證上述的內容，除了向第一線的人員取經，最好也要參考一下網路上公開的數據。

呈現方式	資料來源

類型	針對因為工作或學習等原因經常來店裡光顧的客人之訴求媒體（假設）
實體媒體	● 外場的員工 ● 店內的文宣 ● ……
數位媒體	● ○○ APP（目標客層經常使用的應用程式） ● ……

◀

請教第一線的督導
或店長
＋
網路上的公開調查，
各年齡層使用 APP
的狀況數據等

　　整理截至目前的假說，實際請教工作人員，並進入驗證問題的階段。

　　以上是 5 個實踐問題的解法範例。

　　這裡所舉的例子只是為了推動結構化的準則，並不是獨一無二的正確答案。

　　除了這裡所示的解法，希望各位也思考一下還有哪些結構化問題的方法。另外，希望各位都能將現實中遇到的問題設定為目標，再從目標換句話說，變成關鍵問題，試著結構化問題等，持續實踐結構化思維。

　　這麼一來，即使沒有意識到，也能自然而然順著結構化思維的系統思考、討論。請各位讀者務必將這套手法應用在各式各樣的課題上。

後記
活用結構化思維，你也能成為解決問題高手

我想讀到這裡的各位讀者都已經明白了，本書介紹的結構化思維是以「結構化的對象」為問題。

這個問題即為英文的 Issue，在「能解出什麼樣的答案呢」之前，釐清「該解出什麼答案呢（Issue 是什麼呢）」是解決所有問題極為重要的一環，我想這個概念應該已經深入人心了。

另一方面，我深深感到即使腦袋理解問題很重要，常常也會落入一個窠臼，認為只有經驗豐富的高手才能以問題為出發點，在工作的時候釐清什麼是重要的問題。就算理解重點，也無法實踐的商業人士，可說多如過江之鯽。

我覺得最大的原因在於沒有從根本上理解「如何釐清重要的問題」。釐清重要的事物與不重要的事物時，通常必須看到需要搞清楚的對象全貌。也就是說，在判斷什麼是重要的問題時，如果沒有看到問題的全貌（結構化的問題），就無法判斷哪一部分的問題特別重要。

另一方面，只要能看到問題的全貌，就能與相關人員在同一個前提下，釐清哪個才是左右關鍵問題的問題，亦即看清重要的

問題。這種用來釐清問題的技巧之所以還沒有深入人心，可能是因為以問題為出發點來解決問題的方式，尚未被充分實踐。

我撰寫這本書的目的，無非是希望「以問題的結構化為基礎做出重要判斷」，這個非常有效的決策工具能被更多人運用，幫助各位讀者在職場上，甚至是職場以外的地方都能交出更亮眼的成績單。

最後，非常感謝在我有如龜速的寫書過程中，一直盡心盡力協助我的日經 BP 赤木裕介先生、對促成本書出版不遺餘力的野村綜合研究所顧問事業本部人才開發室，以及野村綜合研究所企業公關部、指導我確立本書內容的各位客戶、野村綜合研究所的同事們，在美國埃默里大學商學院指導過我的各位教授，以及當時與我切磋琢磨的同學們。尤其是我的家人，我總是以忙碌為藉口，經常忽略他們，他們卻始終無怨無悔支持我，謝謝這一路陪伴我的所有人。

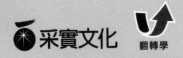

真正解決問題的高手，不只追求效率，更會避免同樣問題反覆出現！只要套入既定的結構和步驟，就能夠讓思考和發想變得輕鬆，省下後續更多來回的時間！

https://bit.ly/37oKZEa

立即掃描 QR Code 或輸入上方網址，

連結采實文化線上讀者回函，

歡迎跟我們分享本書的任何心得與建議。

未來會不定期寄送書訊、活動消息，

並有機會免費參加抽獎活動。采實文化感謝您的支持 ☺

翻轉學 翻轉學系列 127

【圖解】結構化思維
MBA、日本最大智庫、一流顧問都在用，
終結問題一再重複的邏輯思考實踐術！
構造化思考トレーニング　コンサルタントが必ず身につける定番スキル

作　　　　者	中島將貴
譯　　　　者	賴惠鈴
封 面 設 計	Dinner Illustration
內 文 排 版	黃雅芬
主　　　　編	陳如翎
出版二部總編輯	林俊安

出　　版　　者	采實文化事業股份有限公司
業　務　發　行	張世明・林踏欣・林坤蓉・王貞玉
國　際　版　權	施維真・劉靜茹
印　務　採　購	曾玉霞・莊玉鳳
會　計　行　政	李韶婉・許俽瑀・張婕莛
法　律　顧　問	第一國際法律事務所　余淑杏律師
電　子　信　箱	acme@acmebook.com.tw
采　實　官　網	www.acmebook.com.tw
采　實　臉　書	www.facebook.com/acmebook01

I　S　B　N	978-626-349-619-4
定　　　　價	380 元
初 版 一 刷	2024 年 5 月
劃　撥　帳　號	50148859
劃　撥　戶　名	采實文化事業股份有限公司
	104 台北市中山區南京東路二段 95 號 9 樓
	電話：(02)2511-9798　傳真：(02)2571-3298

國家圖書館出版品預行編目資料

【圖解】結構化思維：MBA、日本最大智庫、一流顧問都在用，終結問題一再重複的邏輯思考實踐術！/ 中島將貴著；賴惠鈴譯. – 初版. – 台北市：采實文化，2024.04
168 面；17×21.5 公分 . -- （翻轉學系列；127）
譯自：構造化思考トレーニング　コンサルタントが必ず身につける定番スキル
ISBN 978-626-349-619-4（平裝）
1. CST: 思考 2. CST: 邏輯 3. CST: 思維方法
176.4　　　　　　　　　　　　　　　　113003151

構造化思考トレーニング
KOZOKA SHIKO TRAINING CONSULTANT GA KANARAZU MI NI TSUKERU
TEIBAN SKILL written by Masataka Nakajima
Copyright © 2022 by Masataka Nakajima
Originally published in Japan by Nikkei Business Publications, Inc.
Traditional Chinese edition published in 2024 by ACME Publishing Co., Ltd.
Traditional Chinese translation rights arranged with Nikkei Business Publications, Inc.
through Bardon-Chinese Media Agency.
All rights reserved.

翻轉學

翻轉學